Inteligencia emocional en la empresa

Diseño de tapa:
EL OJO DEL HURACÁN

PABLO NACHTIGALL

Inteligencia emocional en la empresa

Cómo desarrollar un liderazgo óptimo

GRANICA

ARGENTINA - ESPAÑA - MÉXICO - CHILE - URUGUAY

© 2018 *by* Ediciones Granica S.A.

ARGENTINA
Ediciones Granica S.A.
Lavalle 1634 3º G / C1048AAN Buenos Aires, Argentina
granica.ar@granicaeditor.com
atencionaempresas@granicaeditor.com
Tel.: +54 (11) 4374-1456 Fax: +54 (11) 4373-0669

MÉXICO
Ediciones Granica México S.A. de C.V.
Calle Industria Nº 82
Colonia Nextengo - Delegación Azcapotzalco
Ciudad de México - C.P. 02070 México
granica.mx@granicaeditor.com
Tel.: +52 (55) 5360-1010. Fax: +52 (55) 5360-1100

URUGUAY
granica.uy@granicaeditor.com
Tel: +59 (82) 413-6195 Fax: +59 (82) 413-3042

CHILE
granica.cl@granicaeditor.com
Tel.: +56 2 8107455

ESPAÑA
granica.es@granicaeditor.com
Tel.: +34 (93) 635 4120

www.granicaeditor.com

Nachtigall, Pablo
    Inteligencia emocional en la empresa / Pablo Nachtigall. -
1a ed . - Ciudad Autónoma de Buenos Aires : Granica, 2018.
    224 p. ; 22 x 15 cm.

    ISBN 978-950-641-957-8

    1. Liderazgo. I. Título.
    CDD 658.4092

Índice

Agradecimientos

A mi padre, quien con su ejemplo de guerrero íntegro y valiente me ayuda a volverme una persona potente y luchadora para crecer y asumir el liderazgo de mi propia vida.

A mi madre, quien con su vida y su muerte me enseñó el valor fundamental del liderazgo emocional, que es amar y nutrir los vínculos afectivos con nuestro entorno, y el de otros.

A mis abuelos y ancestros, pues son los que me han permitido llegar a la vida aportándome su energía vital para existir, así como modelos y valores para crecer y afrontar los desafíos.

A mi esposa Shadia y nuestro hijo Matt, por su amor y apoyo, ya que constituyen el sentido de estar vivo para trabajar en sintonía con una visión y misión relacionadas con la conciencia y el amor.

A los cientos de empresarios, gerentes, profesionales, líderes y empleados con los que he trabajado en consultoría, capacitaciones y conferencias, por brindarme la oportunidad de conocerlos, colaborar con ellos, aprender y desarrollarme como persona y profesional.

A los diferentes maestros psicoespirituales que me han desafiado para crecer y desarrollar mi inteligencia emocional, ya que sin ellos mi vida y trabajo carecería de profundidad.

A mis pacientes, participantes de seminarios y lectores, quienes me honran compartiendo sus obstáculos relacionados con la inteligencia emocional, lo cual me permite trabajar y hacerme responsable de mis propias dificultades y resistencias para desarrollarme y crecer.

Prólogo

¿Qué es la inteligencia emocional en el ejercicio diario del liderazgo dentro de una empresa? ¿Cómo podemos desarrollarla y aplicarla exitosamente a fin de experimentar resultados óptimos en nuestro trabajo que al mismo tiempo nos hagan experimentar confianza, placer e inspiración? ¿Cómo podemos desarrollar las habilidades necesarias para volvernos líderes eficientes, equilibrados y potentes? ¿Cómo podemos contribuir a que los demás experimenten crecimiento, bienestar y placer en su trabajo? Estas y otras preguntas pueden ayudarte a plantearte y reflexionar qué clase de liderazgo deseas construir para tu vida laboral. La inteligencia emocional es el autoconocimiento que permite a una persona establecer un vínculo amistoso con sus emociones y, a la vez, con las personas con las que interactúa. En el mundo diario y laboral constituye la habilidad y capacidad más importante en un líder para generar vínculos satisfactorios, gratificantes y cooperativos con las personas que lo rodean. Para un líder resulta indispensable trabajar esta competencia, porque en el trajín diario de su trabajo muchas veces puede quedar pegado a alguna emoción. El lidiar con las exigencias de la empresa y las personas que debes liderar, así como con tus jefes, puede generarte diversas emociones. Si aprendes a reconocerlas, valorarlas y gestionarlas adecuadamente estarás en óptimas condiciones para cuidarte del estrés, que es considerado la mayor pandemia global en el mundo laboral.

El vertiginoso ritmo nos desafía de forma permanente a adaptarnos en pro de lograr no tan solo resultados eficaces sino también experimentar bienestar, placer y compromiso en nuestro espacio de trabajo. Las personas que desempeñan cargos de liderazgo precisan entrenar múltiples habilidades y recursos que les permitan sostener sus puestos de trabajo, obtener resultados óptimos en su gestión y, también, desarrollar vínculos satisfactorios y cooperativos con las personas que trabajan en la empresa. Un líder no es simplemente un jefe con personas a su cargo, sino un facilitador de climas de trabajo que fomenten el bienestar y placer, lo cual puede constituir una enorme diferencia entre el éxito y el fracaso en una empresa. De igual forma, es el líder quien tiene la responsabilidad de gestionar una atmósfera laboral que ayude a que las personas se sientan cómodas, a gusto, con deseos de trabajar, interactuar y dar lo mejor de sí mismas. Para poder lograr todos estos objetivos, es necesario conocer lo que no funciona y, a su vez, las actitudes y recursos que puedan optimizar su capacidad de liderar y crear un ambiente emocional adecuado que invite a las personas a confiar y crecer, desarrollarse y producir mediante la aplicación de su potencial humano y productivo. A lo largo de este libro presentaré diversos datos e investigaciones realizadas por universidades y autoridades en materia de liderazgo que confirman que aquellos líderes que se entrenan en el desarrollo de su inteligencia emocional multiplican su capacidad de producir y conducir a otras personas.

Cada uno de los capítulos de este libro contiene un test para que puedas chequear y revisar tu estado actual en relación con el contenido que se expone, lo cual te facilitará la tarea de concientizarte y así poder emprender los cambios que consideres necesarios. Como solo podemos cambiar lo que conocemos, de otra manera es imposible mejorar. Por ende, un principio psicológico empresarial es que precisamos tomar conciencia de nuestras dificultades y déficits para así poder trabajarlas. Al mismo tiempo, podrás leer algunos casos ilustrativos de consultoría que he abordado y que te permitirán identificarte o bien conocer diferentes clases de problemas que pueden presentarse a los líderes y sus organizaciones. Y al cierre de cada capítulo tendrás sugerencias y ejercicios prácticos para entrenar lo que has leído. En ese sentido, puedes iniciar la lectura de este libro en cualquier capítulo que desees y luego proseguir en el orden que quieras. Si deseas conocer más de otras actividades, consultoría empresarial y libros relacionados con el desarrollo personal, profesional y espiritual, te invito a ingresar a mi website profesional: www.pablonachtigall.com

Como psicólogo clínico he trabajado en mi consultorio durante más de quince años con personas que han desempeñado cargos de liderazgo en estudios, instituciones, pymes y grandes empresas, ayudándolas a desarrollar sus habilidades relacionadas con el manejo del estrés, el liderazgo y la inteligencia emocional. También he venido desempeñándome como consultor, dictando capacitaciones y servicios de coaching psicológico con CEOs, gerentes y líderes en diversas empresas en Argentina. Suelo brindar conferencias y capacitaciones en Vistage, una de las organizaciones más prestigiosas y poderosas del ámbito empresarial en Argentina, lo cual me ha permitido conseguir una gran experiencia humana y profesional. Cabe destacar que Vistage se caracteriza por promover en sus participantes un estado de prosperidad integral, donde lo importante no es solo aumentar la facturación de sus empresas sino hacerlo en equilibrio con la vida familiar y recreativa y el desarrollo personal, lo cual es el enfoque adecuado para que un líder crezca, prospere y evolucione. Como consultor, mi enfoque es integral y sistémico: trabajo en equipo con el departamento de Recursos Humanos y los diversos líderes para conformar una alianza que promueva el bienestar y crecimiento de todos, y no tan solo de un sector o de un jefe de la empresa. Para ello aplico diversos recursos de la psicología, la consultoría, el coaching, el enfoque sistémico, las constelaciones familiares-organizacionales y la espiritualidad, todos ellos llevados al terreno práctico de la empresa. Así, este libro lo he escrito con un deseo genuino de compartir herramientas que contribuyan a tu bienestar, equilibrio y crecimiento personal, social y laboral, y que también afecte a quienes trabajan contigo. Porque no eres solo un líder, sino que al salir de tu espacio de trabajo tienes otras áreas que forman parte de tu existencia, a las cuales es igualmente importante cuidar y cultivar para enriquecer tu vida. Por ello, el trabajo personal emocional que realices en tu propia persona repercute tanto en tu vida como en la de quienes interactúan contigo a diario. Como psicólogo y consultor considero fundamental que una persona que ejerce un rol de liderazgo en su organización, asuma un compromiso con su equilibrio en la esfera personal, emocional y familiar, ya que ello lo llevará a liderar equilibradamente en su trabajo.

Sobre esa base, algunos capítulos poseen recursos para tu desarrollo personal, ya que ante todo un líder es una persona que precisa comprometerse con su propia vida para poder guiar y generar cambios en otras personas. Muchas veces, alguien pretende mejorar su liderazgo pasando por alto este principio de cuidar y enriquecer otras áreas de su vida (pareja, familia, recreación, salud, por dar ejemplos), por lo que tarde o temprano queda expuesto a verse seriamente perjudicado. Una carrera profesional exitosa que no sea acompañada por un triunfo similar en el resto de las áreas de tu vida, a mediano plazo puede generar un efecto nocivo en tu persona.

Inteligencia emocional en la empresa está dirigido a todas aquellas personas que desempeñan roles de liderazgo con una a 5.000 personas a su cargo. Puede tratarse de un CEO, gerente, mando medio o alguien que tenga una o dos personas a su cargo, y este libro será de mucha utilidad para incorporar recursos que potenciarán tu capacidad de liderar. Y si eres un estudiante o un empleado que aún no ejerce un cargo como líder, también te será muy valioso para comenzar a reconocer y entrenar ciertas habilidades que te permitirán progresar en tu trabajo. Por eso este libro es de enorme utilidad para quienes aspiran a convertirse en líderes y desean crecer en sus profesiones, actividades comerciales y emprendimientos. Si trabajas en una empresa, oficina, institución educativa o pública, la lectura de este libro te permitirá optimizar la calidad de tu liderazgo y convertirte en un muy buen líder, en vez de ser tan solo una persona que desempeña un cargo de jefe. En tanto que si eres un profesional independiente podrás obtener un enorme provecho de los contenidos de este libro al incorporar recursos que te ayudarán a lidiar mejor con el trato y conducción de otras personas. Aunque dirijas un café o restaurante, si aplicas los conceptos de este libro, podrás optimizar tu capacidad de brindar un servicio por el cual los clientes querrán retornar. Como porteño amante de Buenos Aires, disfruto enormemente cuando acudo a los cafés a desayunar. Y he podido constatar que si un establecimiento gastronómico cuenta con un caudal fluido de clientes, esto no solo es el resultado de la calidad de sus productos, sino de la atención y servicio que brindan, para lo cual es esencial la presencia de líderes con un buen nivel de inteligencia emocional. De hecho, cuando en un café observas que existe una mala atención de sus mozos, con certeza es porque detrás de ellos se encuentra un encargado o propietario que no los trata ni cuida adecuadamente. Por ello, la inteligencia emocional constituye el ingrediente esencial que permite generar condiciones laborales adecuadas para que las personas se sientan a gusto y trabajen mejor, cualquiera sea el lugar donde se encuentren.

Inteligencia emocional en la empresa te ayudará a conocer y desarrollar las habilidades y competencias que componen la inteligencia emocional para aplicarlas de manera eficaz en tu trabajo, con la finalidad de lograr resultados óptimos en tu manera de liderar. Es un libro que jamás te será indiferente, porque está escrito con un enfoque que te llevará a la reflexión y a la acción, los dos pilares esenciales para realizar cambios. Los casos reales de consultoría sistémica que brindo como profesional en las diversas empresas, junto a los test de autoconocimiento, más los ejercicios de reflexión y acción que presento, te ayudarán a revisar tus actitudes y acciones como líder y, a la vez, a emprender los cambios necesarios para desarrollar tu capacidad de liderazgo. Mi objetivo no es presentarte la panacea que te convertirá en un experto líder que logrará el éxito de la noche a la mañana. De hecho, es fundamental recalcar que nada reemplaza el conocimiento y las habilidades técnicas que tengas sobre tu tarea. Pero si a ello le agregas habilidades emocionales, puedes volverte un líder de enorme valor para tu organización, cualquiera sea su tamaño. Entonces, te propongo que emprendamos juntos un proceso de autorreflexión, compromiso y acción que te permitirá revisar tu manera de trabajar y así liderar el desarrollo de nuevas habilidades emocionales con las que podrás volverte un líder más equilibrado, efectivo y sabio para beneficio de tu equipo, tu empresa y tu familia. Te invito a comprometerte en este proceso y a realizar los ejercicios aquí planteados. ¿Comenzamos juntos este proceso de transformación personal y profesional?

Pablo Nachtigall

CAPÍTULO 1

Qué es la inteligencia emocional aplicada al liderazgo

"Solo uno de cada 10 argentinos cree que su jefe es un buen líder."
Investigación del Observatorio de Tendencias Sociales y Empresariales de la Universidad Siglo XXI sobre 1.000 trabajadores argentinos.
Fuente: *Clarín*, 1/10/2017.

"Solo tres de cada 10 empleados cree que los directores de sus empresas sienten sincero interés por el bienestar de los empleados."
Fuente: *Clarín*, 8/10/2017.

¿Qué es la inteligencia emocional aplicada al liderazgo? ¿Qué resultados y beneficios consiguen alcanzar los líderes que la desarrollan proactivamente? ¿Estás dispuesto a iniciar un proceso de desarrollo emocional como líder? La inteligencia emocional es el autoconocimiento que permite a una persona establecer un vínculo amistoso con sus emociones y también con las personas con las que interactúa. En el mundo cotidiano y laboral, constituye la habilidad y capacidad más importante de un líder para generar vínculos satisfactorios, gratificantes y cooperativos con las personas que lo rodean. A su vez, le permite gestionar adecuadamente sus propias emociones, a fin de desarrollar mayor inspiración, compromiso y bienestar en su propia vida y, por ende, en la de quienes trabajan con él. Para una persona que desempeñe un rol de liderazgo con una o cientos de personas a su cargo, resulta esencial entrenar y desarrollar ciertas conductas y actitudes que le permitan llevar adelante sus funciones de manera óptima, y obtener el mayor provecho y rendimiento de los equipos y personas que dirige. En este sentido, la inteligencia emocional es la habilidad que permite a una persona ejercer un liderazgo en el que brinde un buen trato a las personas que maneje, al mismo tiempo que las organiza de manera tal que cumplan sus funciones y alcancen sus objetivos adecuadamente. Como explica Fredy Kofman, autor del libro *La empresa consciente*[1], el poder puede ser una gran bendición cuando es ejercido por un ser humano maduro y saludable, pero cuando es detentado por una persona inmadura o cruel, se vuelve algo peligroso. Por eso, entrenar nuestra inteligencia emocional significa volvernos líderes más sabios y equilibrados, lo cual constituye la mejor inversión que podemos hacer en nuestra propia persona y, por efecto rebote, en los demás.

Test

El siguiente está diseñado para revisar si eres consciente de la importancia de entrenar la inteligencia emocional como líder. Permítete contestar en forma sincera y objetiva

1 = POCAS VECES   2 = ALGUNAS VECES   3 = MUCHAS VECES

Actitudes relacionadas con valorar la inteligencia emocional	1	2	3
1. Suelo realizar cursos que me ayudan a desarrollar mi inteligencia emocional.			
2. Soy consciente de mis falencias y dificultades en el liderazgo, y por general hago algo para abordarlas.			
3. Soy consciente y entreno mi inteligencia emocional, lo que me trae mejores resultados como líder en mi empresa.			

---

1   Kofman, F.: *La empresa consciente.* Aguilar, Buenos Aires, 2014.

Actitudes relacionadas con valorar la inteligencia emocional	1	2	3
4. Soy consciente de que cuando no realizo un trabajo con mi inteligencia emocional, tienden a manifestarse conflictos en mi trabajo.			
5. Disfruto de leer libros acerca de la inteligencia emocional, lo cual me ayuda a mejorar mi desempeño profesional.			
6. He leído libros de los mayores exponentes de la inteligencia emocional, por lo que estoy al tanto de las habilidades esenciales para liderar adecuadamente.			
7. Cómo líder, reconozco la importancia fundamental de generar climas propicios de trabajo, lo cual aplico dentro de mi empresa.			
8. Acostumbro a aprender de otros líderes y a escuchar sus sugerencias.			
9. Suelo actuar como una persona empática y escucho a mis empleados.			
Total de respuestas			

Puntajes

Si la mayoría de las respuestas es 1, estás manifestando dificultades para reconocer la importancia de trabajar tu inteligencia emocional. Este puntaje puede indicar que te cuesta valorar la importancia de las emociones en tu trabajo, lo cual puede traerte complicaciones, conflictos y falta de mayor rendimiento de tus empleados. Sería importante que comenzaras a leer bibliografía sobre el tema.

Si la mayoría de las respuestas es 2, puedes estar manifestando algunas dificultades para apreciar la importancia de la inteligencia emocional. Este puntaje puede indicar que necesitas asumir un mayor compromiso en entrenar aquellos ítems que has marcado con el puntaje 1.

Si la mayoría de las respuestas es 3, estás valorando la inteligencia emocional dentro de la empresa. Este puntaje indica que estás consciente de la importancia de la inteligencia emocional, por lo que la entrenas y obtienes buenos resultados como líder. Felicitaciones. Continúa por este camino de compromiso emocional.

La inteligencia emocional: ¿se nace con ella o sin ella?

Cabe destacar que es falsa la creencia que existen personas que nacen dotadas con el don de la inteligencia emocional mientras otras no. Lo cierto es que todos nacemos con un potencial para sentirnos a gusto con nuestra vida, alcanzar las metas que nos hemos propuesto y generar vínculos equilibrados en nuestras relaciones con la familia, la pareja, las amistades e individuos del mundo laboral. Sin embargo, un porcentaje muy significativo de personas no alcanza a desarrollar, cultivar y trabajar ese potencial hasta lograr que se convierta en una realidad palpable en sus vidas. ¿Qué lleva a algunas personas a optar por permanecer en una zona de confort en la que no entrenan sus habilidades emocionales para la vida? Las razones, según mi experiencia profesional psicoterapéutica y de consultoría empresarial, son variadas y pueden ser algunas de las siguientes.

> ➤ *No quieren abrirse al cambio. Muchas personas no reconocen sus dificultades y prefieren seguir actuando de la manera en que habitualmente lo hacen inclusive cuando ello les traiga perjuicios a su vida personal y profesional. Existen millones de personas que niegan sus dificultades aun cuando experimentan peleas, conflictos y vínculos tóxicos con sus familiares y su entorno laboral; prefieren mantenerse "intoxicados" hasta que las consecuencias se vuelven muy claras y negativas. Detrás de esta actitud de negación se encuentra un elevado nivel de arrogancia que puede llevar alguien a creer que no necesita de ayuda ni de cambios, ya que considera adecuada su manera de comportarse y liderar. De hecho, un porcentaje significativo de dichas personas suele enfermarse por causa del estrés autogenerado por su actitud rígida, negadora y resistente a escuchar. En tu trabajo, ¿te has encontrado alguna vez en una actitud rígida y poco receptiva frente a respuestas de tus subordinados, colegas o jefes? ¿Has conocido jefes o familiares que manifestaran este tipo de actitud?*

> ➤ *Eligen la pasividad en vez del compromiso. Otro elevado porcentaje de personas reconoce sus dificultades y problemas, pero no quieren emprender el esfuerzo de generar un*

cambio porque no quieren afrontar el trabajo que ello significa. De hecho, muchos gerentes, CEOs y mandos medios pueden manifestar cierta capacidad para reconocer sus dificultades y defectos en su manera de actuar, vincularse y liderar, sin embargo no quieren iniciar el proceso de cambio que requiere salir de su territorio conocido. Es lo mismo que ocurre con cientos de miles de personas obesas que a pesar de saber que su sobrepeso constituye un claro riesgo de salud, no quieren comenzar con una rutina física deportiva ni alimentaria porque implicaría realizar un esfuerzo al que no están acostumbradas. Más allá de eso, su actitud pasiva y perezosa se impone a otra más saludable. Si la apatía y falta de compromiso nos invade en cuanto a la toma de decisiones relacionadas con nuestro crecimiento personal y profesional, siempre terminaremos en un estado de escaso desarrollo. Es como si padeciésemos de una suerte de "síndrome de Homero Simpson" que nos mantiene cómodos en nuestros hábitos sin buscar algún tipo de entrenamiento para mejorar. Cuando eres consciente de que en tu trabajo precisas realizar algunos cambios en tu manera de vincularte con las personas y de liderarlas, ¿te sucede que eso te provoca pereza y falta de motivación para el cambio? ¿Cuáles son los resultados de tus decisiones?

➢ **No mantienen los cambios que han iniciado con entusiasmo.** *Hay quienes reconocen sus dificultades y comienzan a trabajar sus niveles de inteligencia emocional pero no son constantes, por lo que sus cambios no se cristalizan en hábitos positivos. La realidad de un 60% de los líderes es que son conscientes de ciertos hábitos negativos en su manera de vincularse con su personal, tratarlo y liderarlo. De hecho, pueden llegar a tomar cursos especializados en liderazgo e inteligencia emocional que significan una inversión importante para ellos y su empresa. Inclusive, pueden recibir sesiones de coaching, pero resulta que luego* no persisten en ese proceso de cambio durante un tiempo prolongado. Por ende, esas posibles modificaciones no se afianzan. Cultivar ciertas habilidades de la inteligencia emocional en nuestro liderazgo requiere de un proceso continuo de trabajo y práctica. Es como ir al gimnasio. Si quieres mejorar tu figura y sentirte vital, precisas involucrarte en un proceso como mínimo durante tres meses. La práctica hace a la excelencia. Si observas detenidamente a aquellos líderes que muestran un muy buen desempeño, al mismo tiempo que son respetados y queridos por sus empleados, encontrarás que sus logros son el fruto de un trabajo personal que han mantenido a lo largo del tiempo. Su éxito jamás es el resultado de un golpe de suerte o de un triunfo momentáneo. ¿Te cuesta sostener el compromiso de trabajarte como persona y líder? ¿Te consideras una persona con cierto grado de constancia, o más bien te ves con dificultades para mantener los cambios positivos en tu vida profesional?

➢ **Son leales a los mandatos familiares de escasez y conflictos.** Todos provenimos de una familia con una dinámica determinada en la forma de vincularse y comunicarse. Aprendemos de nuestros padres y hermanos ciertas reglas expresas o inconscientes que luego podemos llegar a reproducir en nuestra vida profesional. Si lo observas, muchos líderes con problemas para establecer vínculos equilibrados y gratificantes con sus empleados suelen provenir de familias cuyos padres acostumbraban comunicarse de manera poco clara, infantil y conflictiva. De hecho, muchos de esos líderes parecen reproducir en el ámbito profesional los patrones de conducta disfuncional de alguno de sus padres. Por ejemplo, quienes actúan con estilo autoritario y agresivo, pueden provenir de una familia cuyos padres solían manifestar un estilo poco adecuado de comunicación. O también pueden actuar de manera completamente opuesta a como lo hacía alguno de sus padres.

Es lo que sucede, por ejemplo, con aquellos líderes que sobre-protegen y se sobrecargan con las tareas y responsabilidades de sus empleados, porque pudieron haber experimentado dolor y malestar en su infancia con padres con estilos autoritarios y controladores, y por ende a toda costa intentan diferenciarse de ellos. Existe una variedad de conductas ineficaces que un líder puede adoptar por no haber trabajado adecuadamente sus mandatos y referencias familiares. En síntesis, una persona manifiesta dificultades en comprometerse a trabajar su inteligencia emocional cuando de alguna manera se mantiene leal o, por el contrario, se rebela como una criatura frente a sus padres. Sobre esto ampliaré más en el último capítulo, donde menciono el aporte de las constelaciones familiares en el liderazgo eficaz. ¿Experimentas de alguna manera que te encuentras atado al destino de tu familia y limitado por ella? ¿Consideras que tus dificultades actuales son similares a las que has vivido en tu familia?

- **Reflexiona**. ¿Cuáles son las razones que pueden llevarte a que no desarrolles tu inteligencia emocional en tu vida personal y profesional? ¿Alguna de estas razones mencionadas se podrían aplicar a ti? ¿Cuáles? ¿Por qué?

Definición de Goleman de inteligencia emocional

Este libro está enfocado en el desarrollo de la inteligencia emocional aplicada al liderazgo en el trabajo. Por eso, resulta fundamental tener presente el significado de la inteligencia emocional, así como el de liderazgo. Ambas definiciones enhebradas constituyen el foco de lo que abordaremos a fin de contar con conceptos y herramientas para que toda persona que desempeñe un rol de liderazgo en una empresa, negocio, oficina o institución, así como actividades profesionales independientes, pueda optimizar su desempeño laboral y sus vínculos con los demás. Resulta entonces esencial traer a colación la definición de inteligencia emocional (IE) de Daniel Goleman, considerado la autoridad máxima en el desarrollo y elaboración de este concepto en el mundo empresarial. Según este autor:

La inteligencia emocional, en el nivel más general, se refiere a las aptitudes para reconocer y regular las emociones en nosotros mismos y en los demás. Esta definición tan parca sugiere cuatro grandes campos de la IE: 1) conciencia de uno mismo, 2) autogestión, 3) conciencia social y 4) gestión de las relaciones (...).[2]

De acuerdo con un estudio realizado por Boyatzis, Goleman y Rhee, en 2000, la inteligencia emocional abarca cuatro campos que son los mencionados en la definición de arriba. A su vez, cada uno de esos campos contiene una serie de competencias emocionales que son habilidades laborales que pueden aprenderse, y que son importantes a fin de optimizar la calidad del liderazgo. A lo largo de este capítulo aprenderás a desarrollar estas cuatro competencias con el objetivo de volverte un líder sumamente eficaz.

Inteligencia emocional aplicada al liderazgo en una empresa

Se denomina liderazgo emocional al que es ejercido por una persona que manifiesta poseer un adecuado nivel de inteligencia emocional, de manera que combina un buen grado de conocimientos técnicos, productividad y competencias emocionales que le permiten generar vínculos equilibrados, cooperativos y gratificantes con quienes trabaja dentro de una empresa. Una persona manifiesta un apropiado nivel de liderazgo emocional cuando se muestra comprometida en escuchar, reflexionar y analizar de forma adulta la información obtenida de su entorno laboral.

---

2   Goleman, D. y Cherniss, C.: *Inteligencia emocional en el trabajo*, pág. 79. Editorial Kairós, Barcelona, 2005.

A su vez, esta persona alimenta un vínculo con quienes trabaja de manera que se desempeñen de forma adecuada y equilibrada. Por ello, no solo se trata de liderar con conocimientos y aptitudes técnicas sino, sobre todo, de incluir e integrar ciertas habilidades emocionales que permiten generar relaciones gratificantes y productivas con los demás. Cabe destacar que si la cultura organizacional de una empresa promueve valores y actitudes afines con el buen trato, el equilibrio personal y profesional de sus empleados relacionados con la productividad, sus espacios se vuelven sumamente atractivos para trabajar, desarrollarse y liderar. En este sentido, es fundamental recalcar la importancia de la congruencia sistémica en una empresa: sostener valores que promuevan el bienestar de sus empleados y practicarlos de manera coherente y realista. En esta clase de empresas, un líder que desarrolle sus habilidades emocionales se vuelve un puntal de crecimiento humano y económico para sí mismo y para quienes trabajan con él. Por el contrario, y lamentablemente este es el caso de muchas pequeñas, medianas y grandes empresas, cuando se promueve un estilo de trabajo con escasa inteligencia emocional (trato poco amable, condiciones de trabajo desagradables, etc.), los líderes envían un mensaje incongruente que es percibido por los empleados, y que provoca en ellos desmotivación, resentimiento y malestar, lo cual perjudica la productividad. Por eso, es necesario trabajar la inteligencia emocional en cuanto a lo personal y lo sistémico; es decir, tanto en sus líderes como en la cultura organizacional, ya que así se genera una coherencia que permite que todos se sientan parte del sistema y que sean valorados y motivados para dar lo mejor de sí mismos.

Como consultor, he trabajado con muchos gerentes y supervisores que poseían las mejores intenciones de desarrollar sus capacidades emocionales pero que pertenecían a empresas cuyas culturas organizacionales en la práctica promovían un ritmo de trabajo desequilibrado para sus empleados. Así, si bien progresábamos a nivel personal en el desarrollo de su inteligencia emocional, estos gerentes se daban cuenta de que estaban acotados por la dinámica de su empresa. De allí que trabajar la inteligencia emocional en una empresa es una tarea personal y sistémica, donde deben involucrarse tanto los líderes como el sistema al que pertenecen. A veces un líder puede contar con las mejores calificaciones académicas y conocimientos técnicos, pero falla a la hora de vincularse adecuadamente con sus empleados. Al respecto, resulta muy interesante el aporte que nos trae Daniel Goleman:

> *(...) la experiencia me ha enseñado que los líderes más eficientes coinciden en un aspecto fundamental: todos poseen un gran nivel de lo que ha dado en llamarse inteligencia emocional. (...) En cambio, mis investigaciones, junto con otros estudios recientes, indican claramente que la inteligencia emocional es la condición indispensable para ejercer el liderazgo. Sin ella, un individuo puede tener la mejor formación del mundo, una mente aguda y analítica y una enorme abundancia de ideas inteligentes, pero le faltará madera de gran líder.*[3]

Los cuatro campos de la inteligencia emocional aplicados al liderazgo

Tomando el trabajo realizado por Daniel Goleman y su equipo de investigación en miles de empresas e instituciones del mundo, en el siguiente cuadro se ilustran los cuatro campos que componen la inteligencia emocional y las competencias que abarca cada uno. Puede observarse que dichos campos poseen una serie de competencias emocionales que son las responsables del grado de capacidad que una persona puede manifestar en su manera de liderar dentro de la

---

3   Goleman, D.: *Liderazgo*, pág. 15. Ediciones B, Barcelona, 2013.

empresa. En síntesis, estos cuatro campos abarcan las habilidades a las que un líder necesita prestar atención y debe desarrollar en su trabajo con la finalidad de obtener muy buenos resultados en su desempeño profesional y humano.

Los cuatro campos de la inteligencia emocional en el liderazgo

Competencias intrapersonales	Competencias interpersonales
1) Conciencia de uno mismo • Autoconciencia emocional. • Valoración adecuada de uno mismo. • Confianza en uno mismo.	**3) Conciencia social** • Empatía y comprensión de los demás. • Orientación al servicio. • Conciencia organizativa.
2) Autogestión • Autocontrol emocional. • Fiabilidad. • Meticulosidad. • Adaptabilidad. • Motivación de logro + optimismo. • Iniciativa + innovación.	**4) Gestión de las relaciones-habilidades sociales** • Desarrollar a los demás. • Influencia. • Comunicación. • Resolución de conflictos. • Liderazgo con visión de futuro. • Catalizar los cambios. • Establecer vínculos. • Trabajar en equipo y colaboración.

A continuación se detallarán las habilidades-competencias emocionales que forman parte de cada uno de esos cuatro campos y sus efectos positivos en el ejercicio del liderazgo dentro de la empresa. Procura observar cuáles de estas competencias forman parte de tu repertorio como líder y cuáles te falta manifestar.

Primer campo: conciencia de uno mismo	Función y efectos de esta competencia emocional en el liderazgo
Autoconciencia emocional	Reconocer las propias emociones y sus efectos. Un líder manifiesta un adecuado nivel de esta habilidad cuando hace el ejercicio de preguntarse qué está sintiendo en cuanto a emociones y sensaciones en vez de proseguir su trabajo como un autómata sin sentimientos. Esto le permite llevar adelante su liderazgo evitando el estrés y otros efectos negativos que puedan surgir. ¿Eres consciente de tus sensaciones y emociones mientras haces tu trabajo? ¿Consigues evitar adecuadamente el estrés en tu trabajo?

Primer campo: conciencia de uno mismo	Función y efectos de esta competencia emocional en el liderazgo
Valoración adecuada de uno mismo	*Conocer las propias virtudes y sus efectos. Es esencial que el líder sea capaz de reconocer sus virtudes y fortalezas, ya que ello le aporta confianza y seguridad en su trabajo; de otra manera se vuelve permeable a las manipulaciones de los demás. ¿Sueles reconocer tus cualidades y habilidades como líder?*
Confianza en uno mismo	*Reconocer el sentido de la propia valía. El líder que manifiesta confianza en su persona emite un aura de fuerza y atracción que potencia su capacidad de dirigir y tratar a los demás. No es lo mismo un líder con un adecuado grado de confianza que el que no confía en sus capacidades. ¿Confías en tus capacidades como líder? ¿Qué efectos ejerce tu nivel de confianza en tu trabajo?*

- **Reflexiona.** En este primer campo de la inteligencia emocional, ¿cuáles de estas competencias emocionales expresas en el ejercicio del liderazgo en tu trabajo? ¿Alguna de estas competencias están presentes en la cultura organizacional de tu empresa? ¿Cuáles de ellas consideras que precisas desarrollar para mejorar tu liderazgo?

Segundo campo: autogestión	En qué consiste esta competencia emocional y su función en el liderazgo
Autocontrol emocional	*Implica mantener bajo control las emociones e impulsos conflictivos. Para un líder es muy importante aprender a manejar sus emociones, ya que de lo contrario puede ser invadido por el estrés, la ira o ansiedad y por ello afectar negativamente su capacidad de decidir, reflexionar y tratar con los demás. Ampliaremos más al respecto en el Capítulo 5: "Gestión emocional de nuestra vida personal y profesional". ¿Cómo manejas tus emociones como líder?*
Fiabilidad	*Consiste en demostrar honradez e integridad. El líder predica con el ejemplo de su conducta. Si la persona sostiene valores morales y es congruente con ellos en su proceder, eso es percibido por los demás. El ser confiable significa que la persona demuestra integridad, honestidad y rectitud en su forma de actuar y liderar, lo que genera confianza en los demás y es fundamental para inspirar y motivar a otros. ¿Tu conducta es congruente con los valores que predicas?*

Segundo campo: autogestión	En qué consiste esta competencia emocional y su función en el liderazgo
Meticulosidad	*Demostrar responsabilidad de nuestra conducta. Esta habilidad implica cuidar los detalles con los que ejecutamos nuestra tarea. O sea, asumir la responsabilidad de liderar y trabajar cuidando los pormenores, lo cual contribuye a que las tareas se realicen con un adecuado nivel de eficiencia.*
Adaptabilidad	*Significa tener flexibilidad para adaptarse a los cambios. Un líder precisa adaptarse a los eventos y desafíos que se le van presentando en su trabajo. Para ello necesita una dosis saludable de flexibilidad y apertura mental para escuchar y maniobrar en consecuencia, de lo contrario se queda estancado y puede arruinar su desempeño profesional y el del equipo que dirige. ¿Te consideras un líder flexible y maleable a los cambios que pueden ir presentándose en tu trabajo?*
Motivación de logro + optimismo	*Es la capacidad para automotivarnos y experimentar que podemos lograr lo que nos proponemos. Un líder manifiesta esta habilidad cuando demuestra confianza y energía para dirigir y conducir a su equipo hacia las metas trazadas aun cuando surjan contratiempos y obstáculos. ¿Eres capaz de sentir entusiasmo por tu trabajo y transmitirlo a tu equipo para el logro de los objetivos?*
Iniciativa + innovación	*Es la prontitud para actuar y probar nuevas maneras. Un líder cuenta con esta habilidad cuando manifiesta empuje y deseos de experimentar nuevas alternativas para mejorar los resultados. ¿Manifiestas iniciativa y capacidad de probar nuevos enfoques en tu manera de trabajar?*

- **Reflexiona**. En este segundo campo de la inteligencia emocional, ¿cuáles de estas competencias emocionales muestras en el ejercicio del liderazgo en tu trabajo? ¿Alguna de estas competencias se manifiestan en la cultura organizacional de tu empresa? ¿Cuáles de ellas consideras que precisas desarrollar para mejorar tu liderazgo?

Tercer campo: conciencia social	En qué consiste esta competencia emocional y su función en el liderazgo
Empatía y comprensión de los demás	*Implica comprender a los demás e interesarnos activamente por las cosas que les preocupan. Un líder empático manifiesta genuino deseo de conocer a quienes trabajan con él, interesándose por sus vidas y necesidades emocionales. De esta manera crea fidelidad y afecto en las personas que lidera. ¿Actúas de manera empática como líder?*
Orientación al servicio	*Abarca el anticipar, reconocer y satisfacer las necesidades de los clientes. Esta habilidad significa manifestar una dosis de sensibilidad y deseo de querer brindar un adecuado servicio al cliente. Un líder servicial se interesa por conectarse con el cliente, procurando conocer sus gustos para poder brindarle una calidad de servicio que sea de su agrado y satisfacción. ¿Muestras una actitud cálida y servicial hacia tus clientes?*
Conciencia organizativa	*Conlleva identificarse en lo organizativo. Un aspecto fundamental en el rol del líder dentro de una empresa es la capacidad para identificarse con los valores y misión de la empresa a la que pertenece. Esto permite que el líder se sienta parte de su empresa y transmita la cultura corporativa en el ejercicio de su liderazgo, fomentando la cohesión y alineación de las personas que lidera con los valores de la empresa. ¿Sueles identificarte con los valores de tu empresa?*

- **Reflexiona.** En este tercer campo de la inteligencia emocional, ¿cuáles de estas competencias emocionales manifiestas en el ejercicio del liderazgo en tu trabajo? ¿Alguna de estas competencias forman parte de la cultura organizativa de tu empresa? ¿Cuáles de dichas competencias emocionales consideras que precisas desarrollar para mejorar tu liderazgo?

Cuarto campo: gestión de las relaciones-habilidades sociales	En qué consiste esta competencia emocional y su función en el liderazgo
Desarrollar a los demás	*Esta habilidad consiste en tener la capacidad de sentir las necesidades de desarrollo de los demás, estimulándolos a crecer. Un líder con un estilo protector adecuado manifiesta sensibilidad para reconocer el potencial de los demás y alentarlos a que se desarrollen. Esto genera confianza y entrega hacia él, ya que las personas siempre requieren de un mentor que los estimule a crecer y desarrollarse profesionalmente. ¿Acostumbras a estimular el crecimiento de tus empleados?*
Influencia	*Es la capacidad de utilizar recursos de persuasión eficaces para influir en la conducta de los demás. Un líder potente manifiesta habilidad para ejercer influencia en su entorno a fin de dirigirlo hacia determinadas metas que redundan en un beneficio general. ¿Consideras que posees una apropiada capacidad de persuasión?*
Comunicación	*Es la habilidad de emitir mensajes claros y adecuados que permitan potenciar el desempeño laboral. Un líder manifiesta una comunicación eficaz cuando su manera de expresarse es clara, mejora el intercambio con sus empleados y los conduce al logro de resultados concretos y positivos para su empresa. A su vez, esta habilidad permite generar canales de comunicación donde se dialoga y se consiguen consensos que contribuyen al bienestar de las personas. ¿Cultivas la comunicación en tu trabajo con tus empleados y jefes?*
Resolución de conflictos	*Esta habilidad supone la capacidad de resolver los conflictos que pueden surgir en un grupo o con otras personas de la empresa. Un líder manifiesta una adecuada capacidad para resolver conflictos cuando escucha y procura llegar a un acuerdo con los demás que sea beneficioso para ambas partes, manteniendo la posición existencial de ganar-ganar. ¿Cómo has resuelto los conflictos en tu trabajo hasta ahora?*
Liderazgo con visión de futuro	*Es la capacidad para inspirar y dirigir grupos y personas hacia una visión y objetivos comunes. Esta habilidad es fundamental para inspirar y motivar a las personas hacia un camino que conduzca al logro de las metas. Un líder con visión de futuro cuenta con capacidad para vislumbrar estados posibles a los cuales puede accederse y contagiar emocionalmente a su equipo para encaminarse hacia ellos. ¿Consideras que inspiras y motivas a tu equipo adecuadamente?*

Cuarto campo: gestión de las relaciones-habilidades sociales	En qué consiste esta competencia emocional y su función en el liderazgo
Catalizar los cambios	*Consiste en la capacidad de reconocer las necesidades de cambio en una empresa, remover los obstáculos, desafiar el statu quo y conseguir que otros se comprometan en el logro de nuevos objetivos. Esta habilidad es muy valorada, ya que permite entrar en transiciones necesarias para adaptarse a tendencias socioeconómicas y tecnológicas que requieren cambios en las empresas. ¿Qué emociones te genera desafiar al statu quo de tu empresa?*
Establecer vínculos	*Es la habilidad "política" de crear contactos importantes dentro y fuera de la empresa, que puedan ayudar al líder en su tarea y mejoramiento. Esta competencia permite contar con personas dispuestas a hacer favores que puedan ayudar al líder cuando lo necesite. ¿Cuál es tu habilidad política para tejer redes de contacto?*
Trabajo en equipo y colaboración	*Es la capacidad de crear una visión compartida por un equipo de personas al generar una sinergia y trabajo eficaz hacia metas comunes. Se trata de una competencia esencial para liderar grupos cuyos miembros mantienen vínculos equilibrados, colaborativos y productivos. ¿Qué clase de resultados has obtenido en los equipos en los que has trabajado y dirigido?*

- **Reflexiona**. En este cuarto campo de la inteligencia emocional, ¿cuáles de estas competencias manifiestas en el ejercicio del liderazgo en tu trabajo? ¿Alguna de ellas está presente en la cultura organizacional de tu empresa? ¿Cuáles consideras que precisas desarrollar para mejorar tu liderazgo?

Hasta aquí hemos recorrido los cuatro campos que abarca la inteligencia emocional, según la clasificación efectuada por Daniel Goleman, así como sus competencias emocionales y su impacto en el ejercicio del liderazgo. Un líder que desee crecer, mejorar su desempeño profesional y liderar equilibradamente a las personas bajo su cargo, precisa observar y analizar cada una de estas competencias emocionales preguntándose cómo puede desarrollarlas. También, desde un enfoque sistémico, este mismo líder necesita preguntarse cómo puede contribuir a que su empresa se vuelva un espacio con mayores niveles de inteligencia emocional. Nuevamente el enfoque sistémico enfatiza el desarrollo de condiciones de trabajo que alienten a que sus líderes y empleados se vinculen y trabajen de manera equilibrada, gratificante y productiva. Desde esta perspectiva resulta un ejercicio interesante revisar si la cultura organizacional de nuestra empresa alienta la manifestación de las competencias descriptas a lo largo de este capítulo. La realidad es que todos podemos y tenemos la capacidad de entrenar las competencias emocionales que figuran en los cuadros. Solo se trata de reconocer cuáles de ellas precisas desarrollar en estos momentos en tu trabajo, luego enfocarte en unas pocas y comenzar a trabajar en ello. También, como líderes con un enfoque sistémico, podemos pensar en la manera de contribuir a nuestro sistema laboral, mejorando las condiciones de trabajo de nuestro equipo, sector o empresa para que aumenten los niveles de bienestar, equilibrio y pertenencia en nuestro espacio laboral. Al final de este capítulo, podrás acceder a las sugerencias y comenzar a entrenar las competencias emocionales que estás precisando manifestar en el puesto de líder en tu trabajo actual.

- **Recuerda**: todos poseemos el potencial para liderar con un adecuado nivel de inteligencia emocional. Solo se trata de reconocer cuáles son las competencias emocionales que necesitas en tu trabajo y comprometerte a desarrollarlas, con ayuda de libros, cursos y guías experimentados.

Importancia del liderazgo emocional en el trabajo

Por todo lo desarrollado en los cuadros anteriores, cabe destacar la enorme importancia que reviste el desarrollo de nuestra inteligencia emocional en el ejercicio del liderazgo.

No es lo mismo un líder con bajo coeficiente de inteligencia emocional que el que se encuentra desarrollándolo activamente. Existe abundante bibliografía basada en investigaciones efectuadas por especialistas que demuestran cabalmente la importancia vital que tiene para una empresa que sus líderes, sean CEOs, gerentes o mandos medios, se entrenen en cultivar ciertas competencias emocionales. Resulta muy interesante el siguiente aporte realizado por Goleman y un conjunto de colaboradores con cientos de empresas:

> (...) *Cada vez contamos con más evidencias que nos indican que nuestros líderes empresariales más eficaces son aquellos que conquistan tanto las mentes como los corazones de sus empleados (Goleman, 1998b; Kouzes y Posner, 1999; Rosen, 1998). En un mundo ideal, los puestos empresariales clave deberían ser ocupados por individuos que no solo contasen con las capacidades intelectuales necesarias para hacer frente a los desafíos cognitivos del liderazgo, sino también con las capacidades emocionales necesarias para inspirar e identificarse con otras personas.*[4]

Mientras que en otro estudio realizado por Hay/Mc Ber, se indica que un liderazgo basado en la inteligencia emocional puede ser el impulsor fundamental para un adecuado clima laboral, el cual puede optimizar el rendimiento organizativo.[5] En esta investigación se analizaron datos de unos 3.780 ejecutivos y los empleados que trabajaban para ellos. El análisis posterior de los datos allí recopilados permitió sugerir, como una de las conclusiones más claras, que para un porcentaje que iba entre el 50 y el 70% de los empleados un clima laboral adecuado para trabajar estaba relacionado con un buen nivel de competencias emocionales de sus ejecutivos.

---

4   Goleman, D. y Cherniss, C.: *Inteligencia emocional en el trabajo*, Kairós, Barcelona, 2005.
5   Citado en Goleman, D. y Cherniss, C.: *Inteligencia emocional en el trabajo*, pág. 93, Kairós, Barcelona, 2005.

- **En resumen.** Existen muchas investigaciones realizadas en los últimos veinte años en el campo empresarial que confirman la vital importancia que tiene para una empresa que sus líderes entrenen sus competencias emocionales. Un líder que se compromete a desarrollar su liderazgo emocional genera un impacto tremendamente positivo y beneficioso en su empresa que termina por traducirse en un mejor clima laboral para interactuar, crear, relacionarse y producir.

Reconocer los factores que nos motivan al cambio

Es importante reconocer las razones por las cuales estamos dispuestos a comprometernos en un proceso de cambio y mejora de nuestro nivel de inteligencia emocional. Como explicábamos antes, un porcentaje importante de líderes generan rechazo, decepción y hasta pueden perder sus puestos porque se han negado a entrenar sus competencias emocionales. El liderazgo emocional es la capacidad indispensable de toda persona que se encuentre en un cargo de líder. Sin embargo, es necesario que dicha capacidad sea ejercitada y mejorada, de lo contrario, el líder permanece con pocos recursos para afrontar los desafíos que a diario se le presentan, tanto a nivel técnico como humano. Si eres un líder y tienes una determinada cantidad de personas a tu cargo, precisas entrenar las competencias emocionales, ya que debes lidiar con diferentes personalidades acompañadas de sus complejidades. Esta es la diferencia de trabajar con seres humanos en vez de con robots. Un primer paso necesario para mejorar nuestro liderazgo es reconocer los motivos por los que sería positivo cambiar, ya que ello nos conecta con la motivación. Tan solo pregúntate: ¿por qué deseas mejorar tu liderazgo? ¿Cuáles son los resultados que has obtenido hasta ahora en tu empresa y con las personas que trabajas? ¿Estás conforme con tu manera de vincularte y liderar a las personas en tu trabajo?

¿Puedes imaginar los beneficios que reportarían a tu tarea, a las personas con las que trabajas y a tu empresa que entrenes tu liderazgo emocional?

- **En resumen.** Un líder se vuelve potente y eficaz en su trabajo cuando se anima a formularse y responderse estas preguntas de manera objetiva y sincera. Observa e imagina cuáles son los factores que te impulsan a llevar adelante un proceso de cambio en tu manera de liderar.

Sugerencias para comenzar a desarrollar la inteligencia emocional como líder

➤ **Descubre tu motivación para el cambio.** Escribe cuatro razones o motivos por los cuales quieres y deseas comprometerte en trabajar y entrenar tu inteligencia emocional relacionadas con tu puesto de líder. Procura escribir razones que realmente te movilicen emocionalmente. El siguiente es un ejemplo hipotético.

"Estoy dispuesto a comprometerme en trabajar mi inteligencia emocional porque me motiva mucho el crecer como profesional y ganar más dinero."

1. ....
2. ....
3. ....
4. ....

➤ **Entrena los cuatro campos de la inteligencia emocional en el trabajo.** Observa el cuadro con los campos de la inteligencia emocional y escoge una competencia de cada uno de los ellos que consideres que precisas trabajar a fin de mejorar tu liderazgo. Luego completa el siguiente cuadro:

Campos de la inteligencia emocional	Escoge una de las competencias que deseas entrenar	Escribe cómo piensas desarrollar dicha competencia
1. Conciencia de uno mismo		
2. Autogestión		
3. Conciencia social		
4. Gestión de las relaciones- habilidades sociales		

CAPÍTULO 2

Autoestima y poder personal en un líder

Oprah Winfrey, la presentadora más exitosa de la televisión norteamericana, ha padecido una infancia muy dura en Mississippi, donde acudió a una escuela segregada para personas de raza negra. A sus nueve años sufrió abusos por parte de ciertos familiares. Sin embargo, luego de mucho esfuerzo, en su juventud consiguió un trabajo en la radio donde pudo ejercer sus dotes de oratoria. El resto es historia conocida en el mundo; se ha convertido en la presentadora afroamericana más rica y exitosa del mundo.

https://historia-biografia.com/oprah-winfrey/

¿Cuál es el grado de autoestima y confianza que tienes en tus capacidades y habilidades como líder? ¿Cómo afecta a tu capacidad para liderar y crecer profesionalmente? La autoestima es uno de los factores que más gravitan en el ejercicio eficaz del liderazgo dentro de una empresa. Y no solo en una compañía, también influye de manera determinante en nuestro desempeño como profesionales autónomos o bien como empleados, técnicos, etc.

La autoestima es el grado en que nos valoramos como personas y profesionales. Y esta evaluación depende de cuánto reconozcamos nuestras habilidades, cualidades, dificultades y defectos de manera amable y realista, aceptándonos.

Sin embargo, la autoestima se puede ir fortaleciendo a medida que trabajamos en nosotros mismos y enfrentamos diversas situaciones de nuestra vida que nos desafían a crecer y desarrollar ciertas habilidades. Recuerdo el caso de Héctor, un joven empresario de 30 años con quien trabajé durante seis meses. Héctor era dinámico y con una gran iniciativa pero carecía de confianza en sí mismo. Pese a que su historia de vida era de lucha y esfuerzo, él parecía no reconocerlo ni valorarlo. Uno de los factores que propiciaron un cambio en su nivel de confianza, y por ende en su desempeño como líder, fue ayudarlo a que reconociera y honrara su historia personal ya que con ella se había ganado el derecho a liderar en su empresa. A partir del reconocimiento de su trayectoria, Héctor experimentó fortaleza, determinación y seguridad, lo cual comenzó a reflejarse en la manera de liderar su empresa con mayor confianza.

La autoestima puede desarrollarse con compromiso de tu parte

Quiero que comprendas el siguiente concepto: la autoestima puede entrenarse durante cada momento de tu vida. Paso a paso, sin prisa pero sin pausa. A medida que logramos concretar ciertas metas en las diversas áreas de nuestra vida, podemos aumentar nuestra autovaloración. Hay personas que se estiman como profesionales y consiguen resultados exitosos, aunque en su vida personal mantienen relaciones familiares y amorosas complejas y conflictivas. La autoestima es un factor determinante para el desarrollo de tu rol de líder ya que ayuda a experimentar confianza, seguridad y potencia para llevar adelante de manera eficiente las tareas y responsabilidades. También aporta la dosis fundamental de autovaloración para lidiar con las personas que se tenga a cargo sin sentirse abrumado por sus opiniones y críticas. Cabe destacar que la autoestima no es un factor con el que nacemos o somos bendecidos. De hecho, existen innumerables testimonios de personalidades célebres del mundo del deporte, del espectáculo y otras disciplinas que han nacido en familias problemáticas donde han sufrido carencias, maltrato y falta de presencia amorosa por parte de sus padres; sin embargo, gracias al trabajo en lo personal y con ayuda de mentores y guías sabios (maestros, psicoterapeutas y familiares cercanos) han podido superarse, crecer y convertirse en líderes exitosos.

La autoestima no es soberbia

Muchas veces erróneamente se tiende a pensar que autoestima significa creerse único, especial y el mejor en algo. En realidad, muchos medios de comunicación y la filosofía de algunas empresas tienden a convertir a determinados líderes exitosos en personas legendarias en las que los demás deberían inspirarse e imitar. Como psicólogo y consultor de empresas, encuentro esos conceptos y actitudes altamente nocivos para las personas. La autoestima antes que nada implica que tengamos los pies sobre la tierra y adoptemos un criterio realista acerca de nosotros mismos y de quienes nos rodean. Si tiendes a adoptar una actitud arrogante en la que estás constantemente predicando y proclamando a los demás lo especial e importante que eres, a mediano plazo te sentirás frustrado y generarás rechazo. Pocas personas pueden soportar a un líder que se exprese de manera omnipotente y soberbia. Como mucho, tal vez callen y lo toleren, pero a costa de inmensos perjuicios. A la mayoría de los empleados les agrada y precisan ser liderados por una persona que manifieste una autoestima saludable, realista, que le permita escuchar, aceptar y dialogar de forma adulta. En tu rol de líder, ¿sueles manifestar una autoestima saludable y realista? ¿Te resulta fácil colocarte en una postura de arrogancia? ¿Por qué?

Test

El siguiente está diseñado para revisar si estás manifestando una adecuada autoestima y poder personal como líder. Permítete contestar en forma sincera y objetiva

1 = POCAS VECES   2 = ALGUNAS VECES   3 = MUCHAS VECES

Actitudes relacionadas con la expresión de autoestima y poder personal	1	2	3
1. Suelo confiar en mi capacidad de ejercer el liderazgo.			
2. Sé reconocer y valorar mis cualidades y habilidades como líder.			
3. Puedo reconocer y aceptar mis dificultades y defectos como líder sin castigarme ni rebajarme.			
4. Mis empleados me perciben como un líder proactivo, me respetan y valoran mi trabajo.			
5. Mi empresa alienta a que los líderes actúen con mayor seguridad, confianza y poder personal.			
6. Suelo empoderar a mis empleados, ayudándolos a que confíen en sus capacidades y lleven adelante ciertas tareas, lo cual optimiza mi trabajo.			
7. Acostumbro a llevar adelante aquello que he fijado como meta o los compromisos que he asumido.			
8. En mis últimos trabajos he logrado un buen crecimiento profesional debido a mi capacidad y confianza como líder.			
9. Acostumbro a participar en reuniones con colegas con quienes puedo compartir experiencias, y eso me genera mayor fuerza para liderar.			
Total de respuestas			

Puntajes

Si la mayoría de las respuestas es 1, estás teniendo dificultades para manifestar una adecuada autoestima y poder personal como líder. Este puntaje puede indicar que te cuesta reconocer tus capacidades y confiar en ellas para ejercer el liderazgo en tu empresa. Seria conveniente que comenzaras un proceso de desarrollo personal para empoderarte.

Si la mayoría de las respuestas es 2, puedes estar manifestando algunas dificultades para expresar una autoestima y poder personal adecuados como líder. Este puntaje puede indicar que necesitas asumir un mayor compromiso en entrenar aquellos ítems que hayas marcado con 1.

Si la mayoría de las respuestas es 3, estás manifestando un adecuado nivel de autoestima y poder personal. Este puntaje indica que actúas de manera proactiva, potente y congruente, lo cual puede traerte buenos resultados en tu gestión profesional. Felicitaciones. Continúa por este camino de poder.

De qué hablamos cuando hablamos de autoestima

La autoestima implica autovalorarnos de manera realista, amable y equilibrada, a fin de sentirnos capaces de afrontar los diversos retos que se nos presentan en nuestra vida. A su vez conlleva la sensación de sentirnos merecedores de una buena vida, plena de prosperidad, amor y placer. Todo ello se refleja en la manera como lideramos. Un líder eficaz y equilibrado puede reconocer y aceptar sus cualidades, defectos y dificultades de manera amable, lo que le permite lidiar de forma adecuada con la autoestima de los demás. Veamos algunas definiciones interesantes acerca de la autoestima y de la forma en que impactan en nuestra capacidad de ejercer liderazgo.

Autor	Definición de autoestima
John Bradshaw *Educador, psicoterapeuta, autor de varios libros.*	*"La autoestima significa que nos valoramos a nosotros mismos, que podemos estar solos con nosotros mismos y sentirnos bien con nosotros mismos y tener confianza y en nosotros mismos."* [6]
Nathaniel Branden *Psicoterapeuta canadiense y autor de libros de autoayuda.*	*"La autoestima es la confianza en nuestra capacidad de pensar, en nuestra capacidad de enfrentarnos a los desafíos de la vida. La confianza en nuestro derecho a triunfar y a ser felices; el sentimiento de ser respetables, de ser dignos, y de tener derecho a afirmar nuestras necesidades y carencias, a alcanzar nuestros principios morales y a gozar del fruto de nuestros esfuerzos."* [7]
Sam Walton *Empresario fundador de las tiendas Wal-Mart y Sam's.*	*"Los líderes sobresalen por la manera en que aumentan la autoestima de su personal. Si las personas creen en sí mismas, es increíble todo lo que pueden lograr."* [8]
Jack Canfield *Conferencista y autor de temas sobre liderazgo*	*"La autoestima es un sentimiento basado en sentirse capaz y amado."* [9]

6   http://www.laautoestima.com/john-bradshaw.htm
7   http://www.laautoestima.com/nathaniel-branden.htm
8   http://www.altonivel.com.mx/42761-20-frases-de-famosos-que-empoderaran-tu-liderazgo/
9   http://www.frasecelebre.net/profesiones/motivadores/jack canfield.html

- **En resumen**. La autoestima es el estado en que el somos conscientes de nuestras cualidades, habilidades, defectos y dificultades, aceptándolos de manera amistosa y adulta. Por lo tanto, nos sentimos competentes para llevar adelante nuestras tareas y lidiar con las personas que tenemos a nuestro cargo.

Algunas definiciones de la autoestima en un líder

La autoestima es la capacidad de reconocer y valorar nuestras capacidades, cualidades, defectos y dificultades de manera realista y sincera. Es importante ahondar en este concepto para comprender de qué hablamos cuando nos referimos a él. La autoestima significa que no nos descalificamos por el hecho de reconocer que poseemos ciertos defectos y dificultades, ni nos creemos que somos "héroes increíbles". Simplemente somos personas con capacidades y dificultades, y con derecho a amar y ser amados. Desde esta actitud existencial adulta podemos ir creciendo y trabajándonos. Solo eso. Cuando un líder se afirma en esta postura psicológica realista y equilibrada no tiene necesidad de rebajar la autoestima de otros ni de vanagloriarse de sí mismo. Por lo que puede generar vínculos adultos y equilibrados con las personas con las que se relaciona, estimulándolas a crecer y a superarse.

En el siguiente cuadro podemos observar los aspectos que componen la autoestima y comprender su impacto en la calidad de nuestro liderazgo emocional.

Los cuatro factores que componen la autoestima	En qué consiste este factor y su impacto en el liderazgo emocional
Habilidades	*Son las competencias que demostramos en nuestra vida personal y profesional. Son las tareas en las que mostramos pericia y cierto grado de competencia, que pueden gustarnos o no. Puede que seas competente con las matemáticas y lo financiero aunque eso no te apasione.* *Es importante que reconozcas cuáles son tus habilidades y cómo puedes ejercerlas en tu rol de líder. Reconocer tus habilidades te ayuda a optimizar tu eficiencia como líder y a obtener lo mejor de los demás.*
Cualidades	*Son las características positivas que nos definen. La autoestima se compone de reconocer nuestras cualidades y valorarnos por ello. ¿Eres una persona inteligente, sensual, atractiva, segura, dulce o carismática?* *Reconocer tus cualidades es de tremenda importancia para tu liderazgo emocional ya que te permite aumentar tu autovaloración, confianza y capacidad para establecer vínculos equilibrados con quienes trabajas. A su vez, te permite reconocer las cualidades de los demás y ayudarlos a que den lo mejor de sí mismos.*
Defectos	*Podríamos definir los defectos como las características negativas en nuestra manera de pensar, sentir y actuar, que podemos tener en algunos momentos de nuestra vida. Por ejemplo, puede que en ciertas circunstancias de mayor estrés tiendas a actuar de forma autoritaria, iracunda o bien pasiva y no hacer nada.* *Para ejercer un liderazgo emocional es necesario reconocer nuestros defectos de manera realista sin caer en el automaltrato y la crítica destructiva. Ello nos transforma en líderes más humanos, cálidos y sinceros, lo cual es de tremendo valor para generar vínculos equilibrados y cooperativos.*
Dificultades	*Son aquellos obstáculos que experimentamos en nuestra vida que pueden resultarnos difíciles, ya sea por su complejidad o porque no estamos lo suficientemente preparados para enfrentarlos. Parte esencial del desarrollo de nuestra autoestima es afrontar las dificultades para ir templándonos y creciendo como personas.* *Para un liderazgo emocional óptimo es muy importante que reconozcas cuáles son las dificultades que experimentas en tu trabajo y en tu rol de líder. ¿Te cuesta enfrentarte a determinada persona de tu equipo? ¿Te resulta difícil colocar límites a los demás? Cuanto mayor conciencia tengas de tus dificultades, mejor podrás hacer algo al respecto y eso te ayudará a crecer de manera personal y profesional.*

- **Ejercicio de reflexión**. ¿Eres consciente de tus habilidades y cómo puedes ejercerlas en tu rol de líder? ¿Cuáles son tus cualidades y cómo pueden ayudarte a mejorar tu liderazgo? ¿Cuáles son tus defectos? ¿Qué dificultades experimentas en tu rol de líder? ¿Puedes reconocer tus defectos y dificultades sin por ello descalificarte?

La autoestima se basa en ser amorosos con nosotros mismos

Tal como se ha detallado antes, la autoestima implica reconocer nuestras cualidades, habilidades, defectos y dificultades de manera realista y amistosa hacia nosotros mismos. Por ello, déjame remarcar que es importante no caer en la falsa modestia ni en la soberbia. No se trata de que te creas un líder increíble, pero tampoco caer en un complejo de inferioridad en el que demuestres mucha exigencia y dureza contigo mismo. Tan solo consiste en reconocer nuestras cualidades y defectos, y aceptarlos amorosamente con la certeza de que somos valiosos. También significa reconocer que aquí ahora, como persona y líder, y con independencia de los logros que hayas obtenido o no, eres un ser humano valioso y mereces tu propio respeto y afecto. Aunque parezca raro, según mi experiencia psicológica en liderazgo, el 70% de los líderes con los que he trabajado tienen dificultades para reconocer sus cualidades y defectos de manera realista y amigable consigo mismos. Por ello, la autoestima empieza a florecer ahora, cuando te miras a ti mismo y comienzas a tratarte con amor, respeto y adultez.

Qué sucede cuando existen bloqueos en la autoestima de un líder

Reconocer que tenemos dificultad en apreciarnos y valorarnos de forma adecuada es el primer paso para mejorar y optimizar nuestra autoestima. Muchas veces la autovaloración de quienes ejercen el liderazgo puede estar bloqueada por diversos factores que impiden que el líder desarrolle su máximo potencial para actuar y dirigir a otras personas. Resulta importante reconocer cuáles son los factores que pueden dificultar el desarrollo de la autoestima para luego trabajarlos en el ámbito psicoterapéutico, cursos y con coaching empresarial. Los factores que pueden bloquear el desarrollo de la autoestima de un líder son variados. Mientras antes los identifiquemos, mejor podremos hacer algo al respecto. He aquí una lista de los que pueden estar bloqueando tu capacidad para liderar.

Factor que bloquea la autoestima del líder	Cómo impacta en su manera de liderar
Creencias limitantes	*Una creencia limitante es una idea que genera un impacto emocional que condiciona nuestra autoestima y capacidad de accionar. Por ejemplo, puedes creer que eres una persona débil e incapaz de liderar a más de dos personas. Cada uno de nosotros tiene una serie de creencias limitantes que se traducen en frases que nos decimos internamente y que nos generan un efecto emocional negativo (desaliento, decepción, impotencia, parálisis, falta de motivación, etc.). Muchos líderes no crecen profesionalmente porque cargan con creencias limitantes que los condicionan en su liderazgo emocional. Es importante que reconozcas cuáles son tus creencias limitantes que están acotando tu manera de liderar y actuar en tu trabajo.*
Vínculos familiares tóxicos	*Son aquellas relaciones conflictivas que mantuvimos o podemos sostener con nuestros familiares más cercanos (pareja, padres, hermanos e hijos) que afectan a nuestro bienestar emocional. Si te cuesta sostener vínculos equilibrados con tu familia, existe una gran probabilidad de que traslades esto a tu manera de vincularte y liderar en tu trabajo. Por ello, si reconoces que este factor bloquea tu autoestima puedes comenzar pidiendo ayuda profesional para trabajarlo (psicoterapia, cursos, coaching).*
Falta de trabajo personal-emocional	*Refleja la falta de compromiso de un líder en su deseo de trabajar su inteligencia emocional; esto es, sobre sus defectos y dificultades en su manera de actuar, vincularse y liderar. Este factor es el principal responsable del fracaso de un líder en su desarrollo profesional y en el trato con las demás personas.*

Factor que bloquea la autoestima del líder	Cómo impacta en su manera de liderar
Falta de autorreconocimiento	*Consiste en la negación a reconocer los logros y cualidades como persona y líder. Puede que esto provenga de ser extremadamente duro y exigente consigo mismo. Un líder que no se autorreconozca, tampoco puede ver los logros y cualidades de sus colaboradores; por ende, no genera un equipo con autoestima grupal alta y acota significativamente su capacidad de logros.*
Autoexigencia y crítica destructiva interna	*Es el trato exigente y muy crítico hacia su persona, lo que puede llevar a descalificarse. Muchos líderes se tratan a sí mismos con mucha crítica y autoexigencia, lo que también les impide tratar afectuosamente a los demás. A su vez, al autoexigirse demasiado, tienden a tener la misma actitud con los demás y pueden generar elevados grados de estrés y malestar.*

- **Ejercicio de reflexión**. ¿Cuáles de los factores mencionados en el cuadro bloquean el desarrollo de tu autoestima como líder? ¿Qué puedes hacer para comenzar a reconocerlos y, en consecuencia, trabajarlos para mejorar tu liderazgo emocional?

Poder personal en el liderazgo

Es la puesta en práctica de la autoestima en la realidad cotidiana del líder. Definimos poder personal como la capacidad de conectarnos con lo que necesitamos y deseamos, y concretarlo de manera firme, confiada y adecuada. Un líder manifiesta un adecuado nivel de poder personal cuando:

- ➤ Cree y confía en sí mismo y en sus capacidades como líder.
- ➤ Manifiesta capacidad para tomar decisiones frente a las situaciones que se le presenten.
- ➤ Actúa conforme a lo que dice y piensa.
- ➤ Asume la responsabilidad de sí mismo y de su equipo.

> Concreta sus metas profesionales.
> Promueve el desarrollo y poder personal en sus colaboradores.
> Conduce a los demás con límites firmes, respetuosos y claros.
> Expresa capacidad para comunicarse con los demás de manera clara, confiada y segura.
> Demuestra poder de concreción y proactividad.
> Empodera a sus colaboradores, estimulándolos para que manifiesten su mayor potencial.
> Reconoce sus dificultades y se muestra proclive a pedir ayuda a los demás cuando lo necesita (empleados, colegas y jefes).
> Se manifiesta capaz de colocar límites firmes y claros a sus colegas y empleados para lograr un ambiente de trabajo más ordenado y productivo.

Cómo impacta el poder personal en el liderazgo

Desarrollar el poder personal en tu liderazgo es un factor que te ayudará a llevar a la práctica cambios, ideas y propuestas para mejorar tu calidad de vida y la de quienes te rodean. Si te encuentras trabajando y desarrollando tu autoestima, estás habilitándote a manifestar un mayor poder personal en tu liderazgo. Existen ciertos factores que pueden ayudarte a desarrollar tu poder personal y con ello tu capacidad de actuar proactivamente. Es importante tenerlos en cuenta, ya que de esta manera puedes acelerar el proceso de empoderamiento de tu persona, y por ende de aquellos a quienes lideras en tu trabajo.

En el siguiente cuadro puedes observar los factores que pueden empoderarte como líder.

Factor de empoderamiento de tu liderazgo emocional	Efecto que ejerce en tu liderazgo
Cultivar hábitos de poder en tu vida	*Un hábito de poder es la acción que realizamos con cierta frecuencia que contribuye a nuestro crecimiento y bienestar. Cepillarnos los dientes, practicar actividad física, hacer el amor, tener reuniones de equipo con reglas claras, son algunos ejemplos concretos de hábitos de poder. Cuando una persona cultiva hábitos de poder en su vida personal y profesional se vuelve un líder más potente y proactivo, y por lo tanto conduce a sus colaboradores hacia un estado de mayor concreción y responsabilidad. ¿Qué clase de hábitos de poder cultivas en tu vida?*
Participar de grupos de liderazgo con pares y colegas	*Las personas que participan de reuniones con otros líderes e intercambian experiencias profesionales y personales aumentan notablemente sus capacidades para liderar de manera segura y eficaz. Al respecto resulta notable el caso exitoso de Vistage Argentina, una de las redes más importantes de liderazgo en la que cientos de líderes y gerentes de empresas pequeñas, medianas y grandes se reúnen a intercambiar experiencias y potenciar sus recursos de liderazgo. Para mayor referencia, puedes entrar a: http://argentina.vistage.com/. Los líderes que toman la decisión de participar en cursos y grupos con semejantes pueden enriquecer sus habilidades de liderazgo y optimizar su poder personal. ¿Participas e intercambias con líderes de otras empresas o sectores de tu trabajo?*
Reunirte con mentores y/o psicoterapeutas equilibrados y sabios	*Generar encuentros con mentores, psicoterapeutas y/o referentes líderes es de tremenda importancia para el crecimiento profesional y el empoderamiento de un líder. Para potenciar nuestro poder personal precisamos referentes que nos ayuden a confiar y creer en nosotros mismos. Los líderes que mantienen encuentros con mentores y referentes de liderazgo optimizan su poder personal. ¿Sostienes encuentros con guías y mentores que te ayuden a crecer y confiar en ti?*
Cultivar la congruencia entre tus pensamientos, palabras y acciones	*Implica tener coherencia entre la manera de pensar y la de actuar. Esto significa que la palabra tiene peso y la persona se compromete en llevar adelante lo que expresa. Cuando un líder habla de más y no cumple con lo que dice, genera desconfianza y falta de respeto en los demás. Por el contrario, cuando cultiva la coherencia, se convierte en un líder que inspira más respeto, afecto y compromiso en sus empleados. ¿Eres congruente entre lo que dices y lo que haces?*

Factor de empoderamiento de tu liderazgo emocional	Efecto que ejerce en tu liderazgo
Empoderar a los demás	*Este factor nos habla de la generosidad que manifestamos en ayudar a que los demás crean en sí mismos y en sus capacidades. Como líder es fundamental que ayudes a empoderar a tus colaboradores, ya que eso facilita que trabajen con mayor dedicación, capacidad y respeto, lo cual beneficia notablemente tu liderazgo. ¿Cómo empoderas a tu equipo?*

- **Reflexiona.** ¿Cuáles de los factores de empoderamiento que figuran en el cuadro precisas cultivar y desarrollar para experimentar mayor confianza y fortaleza como líder?

El poder personal implica liderar con decisión y respeto

Una última aclaración acerca del poder personal que merece un párrafo aparte. En el ámbito empresarial suele confundirse el poder personal con detentar la autoridad con fuerza, cierta dosis de autoritarismo y compartir escasamente los sentimientos con los demás. Con esta creencia limitante sobre lo que significa actuar como líder, suele considerarse que compartir las emociones y dificultades puede constituir una señal de debilidad y fragilidad que puede jugar en tu contra. Es cierto que hay determinados sectores y empresas cuyos CEOs y gerentes generan un clima hostil de competitividad que promueve que sus líderes actúen con un poder personal desmedido y desequilibrado, lo cual significa que pueden:

> ➤ Ejercer el poder de manera autoritaria, arrogante y poco receptiva.
> ➤ Hacer lo que sea para cumplir sus metas aún cuando ello implique ir en contra de sus valores morales y ocasionar daños a otros.
> ➤ Exhibir exceso de confianza y seguridad que los lleva a liderar sin preservar el clima emocional adecuado en su equipo de trabajo.

> Obtener logros en sus trabajos a costa del sacrificio y malestar de sus colaboradores.
> Generar un clima de trabajo muy estresante que perjudica la salud emocional de sus empleados.
> Mostrarse agresivos, prepotentes y avasallantes con los demás.
> Rebatir e intentar imponer los propios puntos de vista ante los demás.

Las actitudes y conductas descriptas responden a un poder personal desequilibrado que conduce a un liderazgo emocional pobre y con enorme capacidad de dañar nuestra autoestima y la de los demás. Un líder que ejerce esta clase de poder personal puede ocasionar un enorme perjuicio a su propia estabilidad emocional y a su salud. También puede crear un clima de trabajo tenso en donde las personas se sienten impotentes, no escuchadas y maltratadas. O bien promover un ambiente de mucha competitividad donde en vez de cooperar los empleados están procurando obtener su propio beneficio a costa del otro. Esto puede causar innumerables inconvenientes. Ir en contra de tus valores y los de las personas con las que trabajas es equivalente a realizar un pacto mefistofélico, con el que nunca sabes cuándo puede volverte el efecto negativo que estás cultivando con tu liderazgo. Por ello, déjame recordarte que el poder personal equilibrado implica conectarte con tu fuerza interior y llevar adelante acciones que generen resultados positivos para ti, tu equipo y la empresa en la que trabajas. Y esto se realiza con fuerza interna, decisión y respeto por tus valores y los de quienes te rodean. De esta manera, el poder personal se vuelve un factor que te ayuda a crecer, superar obstáculos y estimular el desarrollo profesional de quienes trabajan contigo. En vez de aplicar el poder personal de manera individualista te conectas con una postura sistémica, ya que promueves cambios favorables en tu sistema para que todos ganen. ¿De qué manera ejerces el poder personal en tu trabajo? ¿Has conocido algún jefe que ejerza el poder personal de manera desequilibrada? ¿Qué efecto ha causado en tu vida?

- **En resumen.** El poder personal ejercido de manera desequilibrada conduce al daño y perjuicio de tu persona, deteriorando el clima laboral de quienes trabajan contigo. Cuando es ejercido de manera equilibrada, produce un crecimiento profesional de ti y de tu equipo.

Sugerencias para desarrollar tu poder personal y confianza como líder

➤ **Entrena tu autoestima profesional.** El siguiente ejercicio está pensado para que comiences a valorar tus cualidades como persona y líder. Alguien aumenta su autoestima cuando comienza a reconocer sus cualidades como líder. Por lo tanto, escribe seis cualidades que consideres que posees como líder y justifícalas de manera objetiva y realista.

Ejemplo: *"Me considero un líder carismático porque sé cómo expresarme y observo que genero entusiasmo e interés en mis colaboradores".*

Cualidad 1:..
Cualidad 2:..
Cualidad 3: ....
Cualidad 4: ....
Cualidad 5: ....
Cualidad 6: ....

➤ **Aumenta tu poder personal como líder.** ¿Cómo puedes aumentar tu autoestima y poder personal como líder? Relee este capítulo y completa el siguiente cuadro colocando dos opciones y acciones concretas que estés dispuesto/a a llevar adelante para aumentar tu autoestima y poder personal:

¿En qué situaciones de mi trabajo preciso desarrollar mayor confianza y seguridad?	¿Cómo puedo aumentar mi autoestima como líder?	¿Cómo puedo aumentar mi poder personal como líder?
Situación 1:	Opción 1:	Opción 2: ....
Situación 2:	Opción 2:	Opción 2: ....

51

CAPÍTULO 3

Manejo eficaz del estrés
en el liderazgo

Hernán es líder del sector administrativo de una empresa textil que emplea a 90 personas. Desde hace cuatro meses se siente cansado, angustiado y agotado. Tiene que llegar al cierre del balance contable para concluir el primer semestre del año pero le cuesta concentrarse en terminar su trabajo. En su sector reina un clima laboral muy tenso e intimidante porque los empleados se sienten controlados por él. Por otro lado, Hernán debe rendir cuentas de su sector al gerente, quien constantemente lo está apremiando para que se apresure en cumplir las metas. El problema es que en el sector de recursos humanos han recibido un reclamo porque consideran que es imposible seguir trabajando bajo esas condiciones "insalubres". Frente a ello, la empresa contrató mis servicios para mejorar la gestión del estrés laboral. Mi primera entrevista fue con Hernán, quien a esa altura estaba padeciendo el síndrome de burn out *(insomnio, ansiedad y tomaba tranquilizantes). Como primera medida nos centramos en explorar sus hábitos cotidianos, los cuales, según Hernán, eran deficitarios ya que no practicaba deportes ni se alimentaba de forma saludable. Lo ayudé a diseñar una rutina de nuevos hábitos simples como practicar bicicleta dos veces por semana y comer de manera más saludable. Mediante el enfoque sistémico, procuré construir una red que apoyase sus cambios, al mismo tiempo que promoviese mejoras en su sector. Para ello hablé con su jefe inmediato, pidiéndole que cooperara en generar mejores condiciones de trabajo antiestrés. Junto con él*

*y Hernán, acordamos practicar dos pausas activas de 10 minu-
tos cada una durante la jornada para que su personal pudiera
relajarse y tomar café de forma distendida. Al cabo de un mes de
sesiones individuales, Hernán comenzó a presentar cambios en su
manejo del estrés, que lo llevaron a mejorar su trato con los demás.
A su vez, los cambios en su sector dejaban ver un mejor ambiente
laboral. Un mes después, era notorio el cambio observado en el clima de trabajo de su sector: las personas se reían y trabajaban con
mayor eficiencia, mientras que Hernán había adelgazado, sonreía
y conversaba amablemente con sus empleados.*

¿Qué es el estrés? ¿Cuáles son sus efectos en tu trabajo?
¿Cómo manejas tu estrés para que no invada tu vida? Para
comprender cabalmente en qué consiste el estrés y sus efectos en el ejercicio del liderazgo, precisamos contextualizar-
lo, lo que significa explicar qué es la salud. Al definir la
salud, podremos comprender mejor qué es el estrés y cómo
puede perjudicar a un líder en su trabajo. Según el texto
del Preámbulo de su Constitución de 1946, la Organización
Mundial de la Salud (OMS) establece que: "La salud es un
estado de completo bienestar físico, mental y social, y no
solamente la ausencia de afecciones o enfermedades".[10]

Esta definición es muy importante y abarcativa ya que
nos permite comprender e inferir que la salud es un estado que constantemente podemos alimentar y cultivar en las
diversas áreas de nuestra vida. Implica fomentar hábitos y
vínculos familiares equilibrados, tener una relación de pareja amorosa, divertirnos, contar con proyectos y sentirnos
a gusto en nuestro trabajo. Puede parecer mucho, pero es
un desafío muy interesante que nos insta a reflexionar sobre qué podemos hacer para sentirnos a gusto y en equilibrio en las áreas más importantes de nuestras vidas. Ahora
bien, sucede que nuestra vida general nunca discurre ente-
ramente relajada y apacible, ya que podemos vernos arras-

---

10 http://www.who.int/suggestions/faq/es/

trados por diversos factores que generan en nosotros un estado de tensión y malestar. Podemos entonces definir el estrés según el creador de su concepto, Hans Selye, un médico austrohúngaro, como: "La respuesta inespecífica del organismo ante cualquier exigencia (...) El estrés es también la sal de la vida".[11]

Esta definición simple nos muestra que el estrés es una reacción o estado que generamos ante determinados factores o situaciones que nos toca vivir a diario. Nos permite movilizarnos, afrontar y adaptarnos a las situaciones cotidianas, ya que activa la respuesta de nuestro organismo que nos brinda energía para actuar. Frente a un desafío o estímulo que nos produce estrés en el trabajo, podemos tener tres tipos de mecanismos de respuesta:

> *Lucha-enfrentamiento. Significa que la situación que se nos presenta nos lleva actuar de alguna manera para resolverla, o al menos intentarlo. Por ejemplo, un líder tiene un empleado que no sigue sus indicaciones y continuamente llega tarde a sus compromisos. Cuando este líder intenta dialogar, el empleado responde de manera agresiva. En esta situación es cuando el jefe comienza a experimentar estrés (enojo, molestia y nervios en su cuerpo), por lo que decide tomar una medida más drástica y acude a su superior para informarle el incidente y que desea echar al empleado, y así termina haciéndolo. En este caso, el líder experimentó estrés y tomó la decisión de enfrentarlo, en vez de permanecer airado e impotente.*

> *Parálisis. Significa que ante una situación que nos causa estrés en el trabajo podemos quedarnos paralizados y no hacer nada al respecto hasta que llega a generar un estado muy molesto. Supongamos que el mismo líder del*

---

11 Kertesz, R. y Kerman, B.: *El manejo del estrés*. Ed. Ippem, Buenos Aires, 1985.

ejemplo anterior coordina un grupo de empleados que lo desafían y no cumplen con sus indicaciones. Cada vez que le toca coordinar una reunión de equipo, dos de sus empleados le responden de mala manera y el líder se queda paralizado, enojado e invadido por una sensación de impotencia. Prosigue así durante un tiempo sin hacer nada al respecto, hasta que un día el estrés que viene acumulando implosiona y le genera un cuadro de hipertensión arterial. Ahora este líder tiene un trastorno psicosomático y además acumula conflictos sin resolver en su propio equipo de trabajo.

➢ ***Huida.*** *Significa que ante una situación estresante que nos desafía a actuar, preferimos evitarla. En el ámbito de las empresas, el hábito de huir y retrasar el afrontar problemas o desafíos puede llamarse procrastinación, que implica el hábito de postergar decisiones y asuntos que debemos resolver. Por ejemplo, un líder precisa hablar con su superior sobre ciertas condiciones de trabajo que quisiera cambiar para poder hacer mejor su tarea, pero la idea del diálogo le genera miedo y resistencia. Así, transcurren meses durante los cuales el líder aplaza su decisión de tratar el tema con su jefe. El problema de mantener el mecanismo de huida, es que prolongamos el estrés de forma indefinida en vez de afrontarlo. Y malgastamos un tiempo muy valioso que podríamos haber empleado en resolver y definir asuntos que nos ayuden a crecer. Y además cargamos el peso de estar procrastinando, con el riesgo de causarnos enfermedades psicosomáticas.*

- **Reflexiona.** Observa atentamente si existen situaciones que te provoquen estrés en tu trabajo. ¿Cuál de estos mecanismos de respuesta sueles adoptar? ¿Acostumbras a afrontar, huir o quedarte paralizado? ¿Por qué?

Test

El siguiente está diseñado para revisar si estás manejando adecuadamente tu estrés como líder. Permítete contestar en forma sincera y objetiva

1 = POCAS VECES   2 = ALGUNAS VECES   3 = MUCHAS VECES

Conductas relacionadas con un buen manejo del estrés como líder	1	2	3
1. Suelo practicar actividad física después del trabajo, lo cual me ayuda a descargar las tensiones.			
2. Como líder puedo reconocer cuando me siento agotado mentalmente, y llevo adelante ciertas acciones que me permiten sentirme mejor.			
3. Estoy consciente de la importancia de promover un clima adecuado de trabajo para que mis empleados manejen de forma adecuada su estrés, lo cual procuro llevar a la práctica cotidiana.			
4. Suelo alimentarme equilibradamente, con lo que consigo vitalidad.			
5. He aprendido técnicas de relajación y meditación que aplico cuando experimento estrés en mi vida personal y profesional.			
6. Me gusta generar dinámicas para que mis empleados puedan relajarse y reducir su estrés.			
7. Cómo líder reconozco la importancia fundamental de cultivar recursos que me ayuden a manejar mejor el estrés.			
8. Manejar el estrés está entre una de mis prioridades como líder.			
9. Frente a situaciones que me generan estrés, tiendo a enfrentarlas y resolverlas, o bien pido ayuda, en vez de quedarme paralizado o procrastinarlas.			
Total de respuestas			

Puntajes

Si la mayoría de las respuestas es 1, estás manifestando dificultades para manejar adecuadamente tu estrés. Este puntaje indica que te cuesta cultivar un estilo de trabajo que respete pausas y les permita relajarse a ti y a quienes trabajan contigo. Esto puede traerte conflictos, problemas de salud y una merma en la productividad de tu equipo. Sería muy importante que consultaras con un médico de tu confianza para emprender un plan integral antiestrés.

Si la mayoría de las respuestas es 2, puedes estar manifestando algunas dificultades para manejar de forma adecuada tu estrés laboral. Puede que hayas comenzado a desarrollar hábitos saludables aunque todavía no terminan de cristalizar en tu actividad diaria. Este puntaje puede indicar que necesitas asumir un mayor compromiso en entrenar aquellos ítems que has marcado con la respuesta 1.

Si la mayoría de las respuestas es 3, estás manifestando un adecuado manejo del estrés. Este puntaje indica que estás consciente de la importancia de cultivar hábitos saludables para ti y para tu trabajo, y que promueven un mejor clima laboral. Felicitaciones. Continúa por este camino de mayor salud y equilibrio.

Eustrés versus distrés en el liderazgo

Suele creerse que el estrés es algo negativo que debemos evitar y combatir. Al respecto, las estadísticas indican que el estrés es la pandemia que afecta a un porcentaje importante de la población mundial que trabaja. Sin embargo, debe hacerse una distinción muy importante entre el estrés positivo, llamado eustrés, y el estrés negativo, denominado distrés. Observa el siguiente cuadro para conocer la diferencia entre el uno y otro.

Distrés o estrés negativo	Eustrés o estrés positivo
• *Se denomina distrés* al estrés negativo o que refleja el malestar, tensión, ansiedad y angustia que sentimos frente a situaciones que percibimos como desagradables y amenazantes. • *El distrés se activa* cuando estamos frente a situaciones que nos desagradan y disgustan. Es importante reconocer las situaciones en el ejercicio de nuestro liderazgo que nos provocan distrés o causan malestar, ansiedad y tensión, ya que si se prolongan en el tiempo, pueden causarnos estados emocionales negativos y enfermedades psicosomáticas. • *Un líder manifiesta escaso nivel de inteligencia emocional* cuando acumula situaciones de distrés en su trabajo y hace poco o nada para modificarlas, hasta que termina enfermándose.	• *Se denomina eustrés* al estrés positivo o estado en el que experimentamos placer, bienestar y alegría frente a situaciones que percibimos placenteras y nos ayudan a crecer como personas. • *El eustrés se activa* cuando en nuestro trabajo experimentamos situaciones que nos agradan, nos resultan excitantes y nos producen bienestar. • *Como líderes, es importante asumir una actitud proactiva* para generar y sostener situaciones que nos provoquen eustrés ya que ello nos permite manejar eficazmente el estrés y sentirnos a gusto. • *Un aspecto muy importante del liderazgo emocional* consiste en sostener actitudes, conductas y situaciones que nos generen bienestar, alegría y equilibrio (sinónimos de eustrés) en nuestro trabajo. • *Otro factor* que nos ayuda a experimentar estrés positivo es capacitarnos y desarrollar mayores recursos psicoemocionales y técnicos para afrontar mejor los desafíos que se nos presentan a diario.

- **Reflexiona**. ¿Cuáles son las situaciones en tu rol de líder que te generan distrés (tensión, ansiedad, malestar)? ¿Y cuáles son las que te causan eustrés (bienestar, placer y gratificación)? ¿Por qué?

El estrés depende de nuestra interpretación

Como hemos visto antes, el estrés es una reacción que surge cuando nos enfrentamos con diversas situaciones de la vida. Como líder estás permanentemente expuesto a diferentes situaciones que pueden generarte tanto eustrés como distrés.

En este punto podríamos preguntarnos por qué ciertas situaciones a algunas personas les causan malestar y ansiedad mientras que a otras no. ¿De qué depende que sintamos eustrés o distrés en nuestro trabajo? De hecho, puede que a ti te cause placer realizar reuniones y presentaciones con tu equipo mientras que a otra persona eso le provoca distrés y prefiere evitarlas. Nuestro estrés depende de cómo interpretemos las situaciones que se nos presentan. Y esta interpretación subjetiva obedece a ciertos factores que mencionaremos a continuación.

- **En síntesis**. Nuestra interpretación de las situaciones que se nos presentan en nuestro trabajo determina si experimentaremos distrés o eustrés.

Observa en el siguiente cuadro los factores que pueden influir en nuestra manera de interpretar la realidad, y que pueden conducirnos al distrés o al eustrés.

Factores que pueden afectar a nuestra interpretación	Cómo afecta este factor al liderazgo
Diálogos internos	*Son las conversaciones internas que sostenemos con nosotros mismos. Estos diálogos pueden ser alentadores y concedernos mayor poder o bien ser drásticos y criticones. La manera en la que un líder se habla a sí mismo frente a ciertas situaciones de su trabajo determina si experimentará estrés positivo o negativo.*
Autoestima y confianza	*Es el grado en el que confiamos y valoramos nuestro ser y capacidades. Cuanta mayor autoestima desarrolle un líder más adecuada y realista será la interpretación que haga de las situaciones que se le presenten. Por ende, sentirá más fuerza, confianza y bienestar para afrontarlas en vez de sentir temor frente a ellas.*
Información y capacitación	*Cuanto mayor sea la información y los conocimientos del líder sobre su rol y sus tareas a desempeñar, más confianza tendrá para afrontar sus desafíos y menor será su distrés.*
Red de apoyo (mentores, jefes proactivos, vínculos positivos con colegas)	*En un trabajo es importante saber que contamos con personas con las que podemos intercambiar, consultar y pedir ayuda para lidiar con nuestras tareas. Si un líder desarrolla vínculos cooperativos con personas de confianza con las que pueda contar cuando lo necesite, experimentará menos distrés y mayor seguridad.*

- **Reflexiona**. ¿Cuál de estos cuatro factores afecta tu manera de interpretar las situaciones que se presentan en tu trabajo? ¿Cuál de ellos precisas trabajar para experimentar mayor eustrés en tu rol de líder?

Consecuencias del distrés en un líder. El síndrome del *burn out*

Si un líder experimenta distrés durante un período prolongado, puede sentir diversas consecuencias negativas que afectan a su rendimiento profesional, mental, emocional y físico. En la clínica del estrés es muy conocido el síndrome de *burn out* (del inglés, que significa consumirse o agotarse). Este síndrome se caracteriza por un progresivo agotamiento físico y mental en el trabajador que lo lleva a sentir falta de motivación, disminución significativa de su rendimiento laboral y de su capacidad para vincularse con los demás. En el ámbito empresarial resulta muy frecuente este síndrome en los líderes, de allí que sea de muchísima importancia desarrollar habilidades para gestionar de forma eficaz el estrés. Como psicólogo suelo recibir muchos de estos casos cuando acuden a mi consultorio después de haber pasado varios meses bajo continua tensión y sin haberse comprometido en cuidar su salud. Me gusta entonces trabajar con la terapia bioenergética, basada en una escuela psicológica creada por el doctor Alexander Lowen, que permite que una persona pueda conectarse con sus sensaciones y emociones a nivel corporal y expresarlas de forma tal que experimenten vitalidad y placer. Cuando las personas ocupan puestos de liderazgo con personas a su cargo, se encuentran con que deben lidiar con las exigencias de su empresa, su rol dentro de ella y las personas a su cargo. Si a esto le sumamos que también pueden estar afectados por diversas exigencias y demandas de su vida personal, social y familiar, el cóctel puede volverse explosivo y demasiado estresante. Sin embargo, no se trata tanto de las exigencias que nos rodean, sino de aprender a organizarnos y manejar adecuadamente nuestro estrés. De hecho, un aspecto fundamental en el entrenamiento de tu inteligencia emocional es que aprendas a reconocer tu estrés negativo (distrés) para poder llevar adelante acciones eficaces que te permitan evitar el agotamiento, disminuir tus tensiones y aumentar tu estrés positivo (bienestar y salud). Cuando no advertimos eficazmente el estrés negativo nos exponemos a un cuadro de efectos indeseables que pueden significar un serio perjuicio para nuestra salud, vida personal y rendimiento laboral. Tal era el caso de Felipe, un gerente de una pyme familiar con quien trabajé brindándole sesiones de coaching en su empresa durante dos meses.

Felipe era un hombre de 43 años con mucho empuje y actitud proactiva que intentaba solucionar las cuestiones que surgían en su empresa. El problema era que vivía pendiente de ello y no encontraba tiempo para cuidar de su salud y reducir su distrés. Durante el proceso de coaching, nos centramos en que Felipe desarrollase ciertos hábitos de poder que le permitiesen experimentar mayor bienestar y relajación. Para ello, Felipe se daba "licencias" y cada dos horas salía de la empresa para dar un par de vueltas a la manzana. Esta simple acción repetida y sostenida durante meses, comenzó a generar un efecto muy beneficioso en su mente. Felipe comenzó a sentirse más relajado y con mayor claridad para liderar y tratar con los demás.

- **En síntesis**. Manejar nuestro estrés laboral implica reconocer los síntomas que nos genera el distrés y emprender ciertas acciones que nos permitan aumentar nuestro eustrés (bienestar, tranquilidad y vitalidad).

Consecuencias del distrés en la manera de vincularse del líder

Cuando el distrés se prolonga en el tiempo puede llevar a un líder a experimentar diversas consecuencias que perjudican su rendimiento profesional, su capacidad de liderar y de pensar con claridad. De hecho, un líder que no ha desarrollado su capacidad de manejar apropiadamente su estrés, resulta un mal negocio para sí mismo y para su empresa, ya que su sobrecarga de distrés lo lleva a manifestar actitudes y conductas inadecuadas que producen malestar emocional y enrarecen el clima de trabajo. A su vez, sus colaboradores se sienten intimidados y desmotivados porque perciben que su líder está "quemado" por el distrés. Esto los lleva a no tener deseos de acudir a él, con lo que se erosiona la eficiencia y confianza del equipo. Es decir, la situación se transforma en un círculo vicioso negativo que puede culminar con la licencia por enfermedad del líder, o bien con la renuncia de alguno de sus colaboradores porque no pueden seguir el ritmo de trabajo altamente estresante. También puede darse el pedido de traslado a otro sector de la empresa por parte de algún empleado porque no se siente a gusto donde está trabajando. En este sentido, resulta muy interesante otro aporte que brinda Daniel Goleman:

> (...) *Esos mismos inconvenientes aparecen en el caso de los líderes. Los sentimientos negativos atenúan la empatía y el interés. Por ejemplo, los jefes malhumorados hacen más valoraciones severas del rendimiento de sus subordinados, se centran exclusivamente en lo malo y ofrecen opiniones más críticas. Nuestro nivel óptimo de funcionamiento se da con grados de estrés entre moderados y estimulantes, mientras que ante una presión excesiva la mente se sobrecarga.*[12]

En el siguiente cuadro puedes observar las consecuencias del distrés y cómo afecta al líder en tres planos diferentes.

En la salud	En la actitud	En la conducta y desempeño laboral
• Cardiopatías (hipertensión, ataque al corazón, etc.). • Cuadros gastrointestinales (gastritis, úlceras, colon irritable). • Disfunciones sexuales. • Insomnio. • Bruxismo. • Cansancio corporal. • Anergia (falta de vitalidad).	• Irritabilidad y mal manejo de su furia. • Ansiedad y/o fobias. • Angustia. • Depresión. • Apatía y falta de motivación. • Aburrimiento. • Dificultad para concentrarse. • Agotamiento mental.	• Ausentismo laboral. • Dificultad para escuchar y relacionarse equilibradamente con los demás. • Falta de energía y compromiso para crecer profesionalmente. • Dificultad marcada para tomar decisiones adecuadas. • Dificultad en liderar eficazmente. • Tendencia a funcionar en "piloto automático".

---

12 Goleman, D.: *Liderazgo*. Ediciones B, Barcelona, 2013.

- **Reflexiona.** ¿Cuáles son las situaciones que te generan estrés negativo en tu trabajo? De las consecuencias mencionadas en el cuadro ¿cuáles experimentas o has vivenciado en tu trabajo cuando te encuentras bajo los efectos del estrés negativo?

Cómo manejar eficazmente el estrés en el liderazgo

De lo antes explicado resulta muy claro vislumbrar los efectos negativos que supone para tu liderazgo permanecer bajo situaciones de distrés y no hacer nada para aumentar tu eustrés. Un líder precisa adoptar una actitud proactiva en cuanto al cuidado de su salud y manejo del estrés. Precisa aplicar de manera regular una serie de medidas que lo ayuden a disminuir su distrés (tensiones, nervios, angustia, ansiedad, malestar) y aumenten su eustrés (bienestar, placer, vitalidad, alegría). No se trata de ocuparte tan solo de manejar tu estrés, ya que como líder tienes una responsabilidad hacia tu equipo y hacia la empresa en la que trabajas. Desde una óptica sistémica, nuevamente podemos preguntarnos: ¿qué condiciones de trabajo podemos recrear a fin de promover mayores niveles de eustrés (bienestar, comodidad y vitalidad) en nuestro equipo de trabajo? Un líder que piensa de manera sistémica tiene en cuenta su entorno y no mira tan solo su propio beneficio y confort, así generará mayor respeto, aprecio e inspiración en quienes lo rodean. Claro que para que su mirada pueda ser generosa y amplia, precisa primero cuidar el manejo de su propio estrés, de lo contrario termina desbordado por sus propias tensiones y no puede ocuparse de los demás. Para ello requiere incorporar recursos que le permitan enfrentar apropiadamente las diversas situaciones y retos que se le presenten.

Una persona que ocupa un puesto de liderazgo, cuando se encuentra frente a determinadas situaciones laborales, puede manifestar una respuesta adecuada que contribuya a su eustrés, u otra que promueva mayor distrés. ¿De qué depende que frente a situaciones estresantes nuestra respuesta como líderes pueda ser más equilibrada y así evitar mejor el distrés? ¿De qué depende que ante situaciones y estímulos laborales permanezcamos pasivos hasta acumular un elevado grado de distrés? Existe un modelo muy eficaz para ver y comprender la secuencia del estrés y cómo puede llevarnos a la pérdida de la salud y perjudicar nuestro rendimiento laboral. Este modelo permite al mismo tiempo dilucidar los aspectos intervinientes y trabajar en ellos para interrumpir una secuencia de distrés y generar una respuesta positiva que nos permita experimentar más vitalidad y obtener recursos para liderar. Este modelo se llama EPREC y fue desarrollado por el doctor Roberto Kertész, psiquiatra argentino e introductor del Análisis Transaccional y manejo del estrés en Latinoamérica. EPREC es un acrónimo derivado de:

ESTÍMULO ➜ PERSONALIDAD ➜ RESPUESTA ➜ CONSECUENCIAS

Los **estímulos** son las situaciones a las que un líder se ve expuesto en su trabajo y su rol que, según su **personalidad** y la forma en que los procese, puede llevarlo a manifestar **respuestas** traducidas en conductas que pueden ser adecuadas o inadecuadas, lo cual tendrá determinadas **consecuencias**.

El siguiente cuadro describe en detalle el modelo EPREC.

Estímulo	Personalidad	Respuesta	Consecuencias
Situación laboral que genera exigencia en el líder.	La forma en que procesa e interpreta el líder la situación, y depende de:	La reacción emocional y conductual del líder. Puede ser positiva o negativa.	Los resultados que el líder obtiene por su actitud y acciones en el trabajo.
• *Pedido de concretar un proyecto.* • *Lidiar con empleados conflictivos.* • *Metas fijadas y cómo cumplirlas.* • *Posibilidad de un ascenso laboral.* • *Cualquier situación dentro y fuera del trabajo que demande cierta exigencia.*	• *Nivel de autoexigencia.* • *Autoestima.* • *Diálogos internos.* • *Cualidades de la persona.* • *Nivel de inteligencia emocional.* • *Capacidad de comunicarse asertivamente.* • *Nivel de madurez.* • *Vínculos de apoyo con que cuenta dentro y fuera del trabajo.*	**Positiva, crea eustrés** • *Se adapta adecuadamente.* • *Responde de manera adulta y eficaz.* **Negativa, crea distrés** • *Malestar, tensión, agotamiento.* • *Enojo y mal manejo de sus emociones.* • *Depresión, inmovilidad o cualquier reacción que no ayude a enfrentar la situación de forma adecuada.*	**Positivas** • *Aumento de la motivación y compromiso laboral.* • *Mejor clima de trabajo con colaboradores.* • *Crecimiento profesional.* **Negativas** • *Disminución del rendimiento.* • *Mayor distrés.* • *Peor clima de trabajo.*

Veamos ahora un ejemplo hipotético de EPREC en un líder de una empresa que puede llevarlo a un resultado final negativo.

Estímulo	Personalidad	Respuesta negativa	Consecuencia negativa
El líder siente una sobrecarga en su trabajo debido a que se aproxima el cierre del semestre y debe cumplir con las metas fijadas.	• *El líder es una persona muy autoexigente y competitiva.* • *Tiende a exigirse demasiado y generarse mucha presión.*	• *Asume demasiadas responsabilidades de sus empleados y no sabe marcar límites ni delegar.* • *Se siente agotado y sobrecargado de distrés.*	• *Comienza a manifestar dificultades para concentrarse y escuchar.* • *Se enoja e irrita fácilmente con sus empleados.* • *Se genera un clima emocional negativo en su equipo de trabajo, lo que perjudica el rendimiento laboral.*

- **Reflexiona.** ¿Te ha sucedido de experimentar una secuencia similar a este EPREC con otras situaciones laborales? ¿Qué factores de tu personalidad te han generado una respuesta negativa en tu trabajo? ¿Qué consecuencias negativas has tenido?

Tomemos el mismo ejemplo hipotético del EPREC en otro líder, ante el mismo estímulo pero con una **personalidad** y **respuestas** diferentes que lo llevan a un resultado final positivo.

Estímulo	Personalidad	Respuesta positiva	Consecuencia positiva
El líder siente una sobrecarga en su trabajo debido a que se aproxima el cierre del semestre y debe cumplir con las metas fijadas.	• El líder es una persona muy autoexigente y competitiva. • Es también receptivo y se da cuenta de que precisa ayuda para lidiar con estas exigencias, de lo contrario terminará agotado.	• Pide cita con un psicólogo para descargar su tensión y aprender a manejarla. • Comienza a practicar actividad física después del trabajo para descargar sus tensiones. • Dialoga con sus superior y pide asistencia para poder cumplir con las metas. • Mantiene reuniones con su equipo para delegar tareas y así potenciar la efectividad.	• Se siente más confiado y con una actitud positiva que lo lleva a liderar su equipo de manera confiada. • Sus colaboradores acuden a él y trabajan en equipo de manera eficaz. • Puede cumplir las metas fijadas y sentirse equilibrado. • Sus superiores observan su capacidad para afrontar las exigencias y mantener una actitud equilibrada y adulta.

- **Reflexión.** ¿Te ha sucedido de experimentar una secuencia similar a este EPREC en algunas situaciones laborales? ¿Qué factores de tu personalidad te han generado una respuesta positiva en tu trabajo? ¿Qué consecuencias positivas has tenido?

El EPREC nos permite manejar adecuadamente nuestro estrés

Este modelo nos permite observar cómo se desarrolla la secuencia desde que aparece el estímulo, su proceso y resultados. Como líderes, siempre estamos expuestos a diversos estímulos dentro y fuera del trabajo que pueden generarnos estrés. La diferencia entre un manejo adecuado o inadecuado del estrés se encuentra en la manera en que afrontamos con nuestra actitud y conducta las diversas situaciones laborales. Un líder que manifiesta un buen nivel de inteligencia emocional observa los estímulos estresantes de su trabajo, los procesa de una manera adulta, racional y equilibrada, de modo tal que pueda sentirse más confiado, seguro. De esta manera podrá tener una conducta acorde, que le traerá resultados positivos. Mientras que un líder que evidencia un nivel insuficiente de inteligencia emocional, tenderá a procesar esos mismo estímulos laborales de forma tal que aumentará su carga de distrés (malestar, tensión, ansiedad, etc.). Eso lo llevará a actuar de manera poco eficaz, y tendrá resultados regulares, además de perjudicar su salud y su liderazgo. Observa de nuevo la secuencia del EPREC, ¿qué aspectos consideras que necesitas revisar y mejorar para manejar adecuadamente tu estrés laboral?

Un líder precisa desarrollar recursos antiestrés

Como hemos dicho antes, manejar eficazmente el estrés laboral significa generar y entrenar recursos de la **personalidad** y **respuestas** del EPREC. Un líder puede mejorar su manejo del estrés cuando desarrolla e incorpora, tanto en su personalidad como en sus respuestas, los recursos que finalmente lo llevarán a mejorar notablemente sus resultados. Para ser más claros: un líder puede generar cambios en su actitud (**personalidad**) y su conducta (**respuestas**) que le permitirán afrontar el estímulo o situación laboral estresante de manera más adecuada y funcional. Veamos en el siguiente cuadro los recursos antiestrés que un líder puede incorporar a su personalidad (actitud) y respuestas (conductas) a fin de manejar eficazmente su estrés laboral.

Recursos antiestrés para la actitud del líder (personalidad y conducta)	Recursos antiestrés para cambiar el clima de su equipo
• *Técnicas de relajación.* Permiten relajar tensiones y generar estados de concentración y calma mental. • *Meditación.* Induce un estado profundo de silencio y calma que promueve bienestar global. • *Carcajada energizante.* Al despertarnos, reír con fuerza ayuda a comenzar el día con mucha vitalidad. • *Entrenar habilidades interpersonales.* Ayuda a mejorar nuestra capacidad de establecer vínculos con quienes trabajamos. • *Respiración consciente.* Existen diversas técnicas que permiten cambiar el estado anímico de la persona y generarle más calma, fuerza y claridad. • *Actividad física.* Permite que la persona descargue sus tensiones y aumente su nivel de bienestar y fortaleza.	• *Pausas activas durante la jornada laboral.* Hacer pausas de 10 minutos para tomar café puede ayudar mucho a mejorar el clima laboral del equipo. • *Sesiones de stretching o yoga.* Contratar alguien con experiencia para que en la empresa dé clases cortas de movimientos corporales para relajar y estirar los músculos ayuda a disminuir el distrés. • *Breves caminatas.* Durante la jornada, si es posible, el líder puede salir y dar una caminata corta para despejarse de su distrés. También puede alentar a que lo hagan los miembros de su equipo. • *Reuniones informales de* equipo. Juntarse con sus colaboradores en un ambiente informal y charlar sobre cosas que no necesariamente sean sobre el trabajo, genera un clima de mayor confianza y cordialidad. • *Acuerdos con establecimientos de salud.* La empresa puede negociar descuentos en espacios de salud para los empleados (gimnasia, pilates, yoga, etc.).

• **Reflexiona.** ¿Qué recursos antiestrés puedes incorporar para cambiar positivamente tu actitud frente al estrés? ¿Cuáles son los recursos y acciones antiestrés que puedes implementar en tu liderazgo para promover un mejor manejo del estrés entre tus empleados?

La mirada sistémica antiestrés del líder

Aprender a manejar eficazmente nuestro estrés laboral es un recurso indispensable para poder mantenernos en nuestro rol de líderes y experimentar un crecimiento profesional en la empresa. También es útil si eres un profesional independiente. Nos permite gestionar un trato conveniente que ayuda a crear un clima propicio para trabajar en equipo. Y lo más importante, permite que desarrollemos una actitud y conductas que ayuden a evitar las enfermedades psicosomáticas causadas por el estrés. Aunque para que pueda resultar en un combo completamente beneficioso para todos, precisas considerar el sistema en el que estás inserto. Esto significa preguntarte qué acciones y políticas puedes promover en tu equipo, sector y empresa para que haya un clima de trabajo más agradable, menos estresante y a la vez productivo. En esta mirada puedes contemplar diversas variables que participan en la disminución del distrés y el aumento del clima de eustrés en la empresa: mobiliario, luz, música, condiciones de limpieza, instalaciones comunes, pausas activas, clases de *stretching* y baile, etc. No solo se trata de tus actitudes y conductas como líder, sino de revisar las condiciones de trabajo y buscar otras que promuevan mayor bienestar, relajación y vitalidad en las personas que trabajan. Esta es la finalidad de la mirada sistémica antiestrés del líder dentro de la empresa. Por ende, un líder maneja su estrés en ambos planos de forma simultánea al cuidar su estrés al mismo tiempo que procura que su sector o empresa sea un lugar de eustrés. De hecho, como psicólogo y consultor no concibo que pueda pasar una semana donde no realice ejercicio físico y yoga, ya que de otra manera caería presa de la ansiedad por las tensiones de la rutina cotidiana. Cuidar de mi salud y manejar mi estrés me permite mejorar mi desempeño como padre, esposo, amigo y profesional. También me vuelve una persona más equilibrada.

Y es lo mismo que aliento en los diferentes sistemas con los que me vinculo, tales como la familia, los pacientes y la empresa. Por otra parte existe una enorme necesidad en los lideres de experimentar ciertas prácticas psico-energéticas que los ayuden a soltar su estrés y obtener mayor claridad. Recuerdo una vivencia muy grata cuando dicté un taller de comunicación emocional con un grupo de empresarios en un country. Dado que el clima estaba más distendido, pedí a ellos que se descalzasen y fuimos todos al pasto a practicar ejercicios de chi kung mientras disfrutábamos del bello paisaje del campo de golf. Para muchos de ellos que nunca habían realizado algo así, fue toda una experiencia interesante que les permitió acceder a un estado de eustrés, relajación y conexión intima consigo mismos. Para mayor información sobre los recursos antiestrés, te invito a ingresar en: www.pablonachtigall.com

Sugerencias para mejorar tu manejo del estrés como líder

> **Identifica los estrés negativo y positivo en tu trabajo.** El siguiente ejercicio está orientado a que comiences a identificar en tu rol de líder dos situaciones que te generen estrés negativo (distrés) y otras dos que te causan estrés positivo (eustrés). Al lado de cada una de esas situaciones, explica las consecuencias que te generan. Procura ser claro y objetivo en tus respuestas. Toma como referencia los siguientes ejemplos:

- *"Me causa estrés negativo cuando debo colocar límites a un empleado que tiende a comportarse de manera indisciplinada. Eso me genera tensión, me irrita y me quita las ganas de seguir trabajando (consecuencias negativas)."*

  - *"Me causa estrés positivo cuando logro cumplir las metas con mi equipo como ocurrió el año pasado. Eso me genera satisfacción y bienestar (consecuencias positivas)."*

A continuación, describe dos situaciones que provoquen distrés en tu trabajo y sus consecuencias negativas:

Situación 1: ....
Situación 2: ....

Describe dos situaciones que te provoquen eustrés en tu trabajo y sus consecuencias positivas:

Situación 1: ....

Situación 2: ....

> **Activa los recursos antiestrés para tu trabajo.** ¿Qué recursos antiestrés precisas desarrollar en tu trabajo para manejar mejor las situaciones de distrés que has nombrado antes? Detalla dos recursos antiestrés que podrían ayudarte a mejorar tu manejo del estrés en cada una de las situaciones:

Primera situación de distrés: ....

Segunda situación de distrés:...

> **Promueve acciones antiestrés en tu entorno.** ¿Qué acciones puedes promover en tu empresa para elevar los niveles de eustrés y reducir el distrés? Escribe dos acciones que llevarías a cabo para que las condiciones de trabajo de tu sector o equipo sean menos estresantes:

Primera situación antiestrés sistémica: ....

Segunda acción antiestrés sistémica: ....

CAPÍTULO 4

Coaching para equilibrar tu vida personal y profesional

Ariel es un empresario que dirige una empresa dedicada a la construcción con 50 empleados. Su dedicación era impresionante, pero a costa de dejar de lado su salud y el cuidado de su familia. Y esa misma actitud desequilibrada aplicaba a su liderazgo, generando reclamos, discusiones y bajo rendimiento laboral de sus empleados. Cuando me solicitó que lo ayudase mediante el coaching psicológico, Ariel mantenía una escasa relación con sus hijos, tenía sobrepeso y una relación conflictiva con su ex pareja. Todo ello aumentaba su malhumor y agresividad para con sus empleados. Durante el primer mes de consultoría en su empresa, me dediqué a ayudarlo para que reconociese su manera desequilibrada de llevar su vida personal y profesional, así como las consecuencias extremamente negativas que todo ello le provocaba en su trabajo y familia. Sin este primer paso, habría sido imposible trabajar luego en los cambios necesarios para controlar su liderazgo. Afortunadamente, Ariel se mostró receptivo y se comprometió en el proceso de equilibrar su vida personal y profesional, lo cual fue muy beneficioso para su vida dentro y fuera del trabajo. A su vez, Ariel comenzó a implementar acciones concretas y simples que permitían que sus empleados combinaran el tiempo de trabajo con actividades de recreación, promoviendo así mayor satisfacción en ellos y su mejor rendimiento. Por otro lado, tomó la decisión de dedicar medio día por semana a estar con sus dos hijos.

¿Cómo equilibras tu vida personal con la profesional? ¿Cómo conjugas e integras las diversas áreas y roles de tu vida para poder sentir mayor estabilidad y tranquilidad en tu rol como líder? ¿Qué tipos de políticas y acciones promueves en tu empresa para mejorar la calidad de vida de tus empleados y equipo?

En este capítulo abordaremos el arte de equilibrar nuestra vida íntegramente para sentir placer, bienestar, vitalidad y alegría de vivir. Balancear es un arte fundamental para sentirnos a gusto con nuestra vida y experimentar estados cercanos a la felicidad, plenitud y alegría. Según mi experiencia como expositor y conferencista de cientos de CEOs y gerentes de empresas, este tema es fundamental para la salud física y emocional de un líder, ya que le permite sentirse apoyado y seguro en el desempeño de su trabajo. Cuanto mayor compromiso asume una persona en cultivar una vida proporcionada, abundante y enriquecedora, más posibilidades tiene de convertirse en un líder carismático, energético y vital.

Equilibrar nuestra vida significa detenernos y revisar cómo nos sentimos en relación con las diversas áreas relevantes que componen nuestra vida (pareja, familia, diversión, salud, crecimiento personal, trabajo). Esta reflexión acerca de nuestra vida nos permite hacer un chequeo para saber cómo nos sentimos. ¿Estamos a gusto con respecto a nuestra relación de pareja? ¿Cómo nos sentimos en cuanto al trabajo? ¿Estamos satisfechos en lo que respecta a nuestra área de placer y recreación? ¿Estamos conformes con los vínculos familiares que sostenemos? ¿Qué clase de hábitos de salud mantenemos? Estas y otras preguntas nos llevan a reflexionar acerca de cómo nos sentimos en las áreas más importantes de la vida. Acto seguido necesitamos efectuar un movimiento interno y externo para sentirnos un poco mejor y más a gusto. Por ejemplo, te detienes a chequear cómo estás en tu vida global. Quizás observas que no cultivas hábitos de salud, lo que tu doctor te confirma al decirte que tus niveles de colesterol están elevados y te encuentras en riesgo. En este caso estás comprobando tu estado actual en relación con la salud y acto seguido tomas la decisión de llevar adelante un pequeño cambio que te permita mejorar tu salud. Por ende, asumes un compromiso y comienzas a efectuar caminatas después de tu horario de trabajo, de unos 30 minutos, tres veces por semana. Con eso consigues aumentar tu nivel de energía, relajación y bienestar. Por supuesto que esta modificación que estás asumiendo con respecto a la salud tiene repercusiones en el resto de tu vida, ya que dispones de más energía para trabajar, divertirte y crear. Y tus amistades, empleados y familiares comienzan a percibirte más sereno, calmo y distendido. Este es el proceso en que consiste el arte de equilibrar tu vida.

No solo se trata de ti sino de las repercusiones que provocas en tu entorno, de la misma manera que ocurre si decides continuar desequilibrado. Ahora, imagina el resultado del efecto multiplicador de balancear las diversas áreas de tu vida de forma simultánea… Una persona que asume el compromiso de realizar cambios para estar equilibrado en el amor, la salud, el placer, la familia y el trabajo genera una energía atractiva y vital. Esta clase de personas se vuelve un amigo más agradable, una pareja más interesante, un hijo más querido, un padre más equilibrado y un líder más atractivo y eficaz.

A lo largo de este capítulo exploraremos la manera de equilibrar nuestra vida y así aumentar nuestros niveles de vitalidad, pasión y bienestar. Así como también los cambios que un líder puede estimular en su empresa para que los empleados se beneficien con una vida más equilibrada.

Test

El siguiente está diseñado para revisar si estás balanceando de forma adecuada tu vida personal con la profesional.
Permítete contestar en forma sincera y objetiva

1 = POCAS VECES   2 = ALGUNAS VECES   3 = MUCHAS VECES

Conductas relacionadas con el adecuado equilibrio entre tu vida personal y laboral	1	2	3
1. Suelo ocuparme del cuidado de mi salud de manera regular y responsable (actividad física, alimentación, chequeos clínicos regulares y descanso adecuado).			
2. Suelo cuidar mi relación de pareja mientras atiendo mis compromisos laborales.			
3. Acostumbro a capacitarme para mejorar mi desempeño como líder.			
4. Soy consciente de la importancia de cuidar los vínculos familiares, y me comporto en consecuencia. Eso me ayuda a ser un mejor líder.			
5. Practico algún hobbie o actividad artística que me ayuda a conectarme con otros aspectos de mi vida (canto, baile, teatro, pintura, etc.).			
6. Me gusta mantener una buena relación con mis amistades y suelo cuidarla.			
7. Como líder me gusta fomentar políticas de *work life balance* en mi equipo para ayudar a equilibrar sus vidas y que se sientan más a gusto dentro de la empresa.			
8. Considero importante tener mi propio espacio de desarrollo personal (coaching, psicoterapia, terapia de grupo, etc.) en donde pueda crecer y compartir con otros.			
9. Me parece fundamental, para enriquecer mi rol de líder, cultivar otras actividades y aspectos de mi vida, y así lo hago.			
Total de respuestas			

Puntajes

Si la mayoría de las respuestas es 1, *estás manifestando dificultades para equilibrar tu vida personal con la profesional. Este puntaje puede indicar que te cuesta cultivar una vida integral que sea rica en las diversas áreas de tu vida, y eso puede generarte estrés, infelicidad y restarte profundidad como líder. Sería importante que practicaras lo que leerás a lo largo de este capítulo.*

Si la mayoría de las respuestas es 2, puedes estar mostrando algunas dificultades para balancear tu vida y liderazgo. Este puntaje puede indicar que necesitas asumir un mayor compromiso en entrenar aquellos ítems que has marcado con el puntaje 1.

Si la mayoría de las respuestas es 3, estás equilibrando de forma adecuada tu vida personal con la profesional. Este puntaje indica que cultivas las diversas áreas de tu vida, lo cual te brinda plenitud y satisfacciones. Felicitaciones. Continúa por este camino de compromiso y abundancia.

La importancia de estar balanceados como líderes

Imagínate en tu trabajo desempeñando el rol de líder. Estás bajo presión ya que debes coordinar a unas quince o más personas en pos de objetivos pautados. Tu jefe te apremia para que des lo mejor; a su vez, cada una de las personas que diriges constituye un mundo de actitudes y reacciones que precisas alinear y lidiar. A ello cabe agregarle tu estilo particular de afrontar y manejar el estrés, lo cual puede crearte más distrés. Sin olvidarnos que además tienes una vida personal con posibles conflictos humanos con familiares, amistades y pareja (o ex pareja). Por lo tanto, el acto de mantenernos equilibrados es indispensable para cuidar nuestra salud, experimentar placer, sentirnos a gusto en el trabajo y mejorar la calidad de nuestro liderazgo. Al respecto resulta muy aleccionadora la primera evaluación hecha en Argentina con 7.500 personas, denominada "Conciliación trabajo-familia", realizada en 2016 por el Centro Conciliación Familia y Empresa de OAE Business School e investigadores del CONICET (Consejo Nacional de Investigaciones Científicas y Técnicas), que permite ilustrar cómo los argentinos balanceamos nuestra vida personal y profesional. La evaluación arrojó alguno de los siguientes resultados:

➢ 42% de los hombres y 38% de las mujeres manifiestan que el trabajo interrumpe espacios y tiempos requeridos por la familia.

> 35% de los hombres y 26% de las mujeres perciben reclamos de sus familiares para que se les dedique más espacio y tiempo.
> 50% de los hombres y 60% de las mujeres manifiestan habilidad para conciliar la vida laboral con la personal.
> Vivir en la ciudad o en el interior del país no influye en el equilibrio entre el trabajo y la familia. La conciliación depende de la actitud.

Fuente: Centro Conciliación Familia y Empresa de IAE Business School. Investigación a cargo de la doctora Belén Mesurado (CONICET) para la campaña "Hacé el click hoy" del Consejo Publicitario Argentino.

Estos resultados nos permiten comprender que existe una dificultad marcada en los argentinos en poder combinar, congeniar e integrar armónicamente las diversas áreas que nos atraviesan. Aunque si revisamos estadísticas mundiales, estamos en similares condiciones con lo que sucede en gran parte del mundo. De hecho, la Organización Mundial para la Salud (OMS) afirma que el estrés es una pandemia que avanza inexorablemente en todo el planeta. Como consultor y psicólogo considero que constituye el principal desafío que debe afrontar una persona: asumir una actitud proactiva en balancear su vida a medida que pasan los años. Claro que no es lo mismo desear estar equilibrado si soy soltero que si estoy en pareja, casado o con hijos, inclusive con nietos.

Existen líderes dentro de una misma empresa de diversas edades y se encuentran en diferentes etapas del ciclo de sus vidas. Todos ellos, cualesquiera sean sus diferencias, precisan asumir una actitud activa en cuanto a balancear sus vidas, ya que eso les permite experimentar mayores niveles de placer y felicidad, y también optimiza la calidad de su liderazgo. El siguiente gráfico ilustra las tres etapas que componen el proceso de balancear nuestra vida.

Las tres etapas para balancear nuestra vida

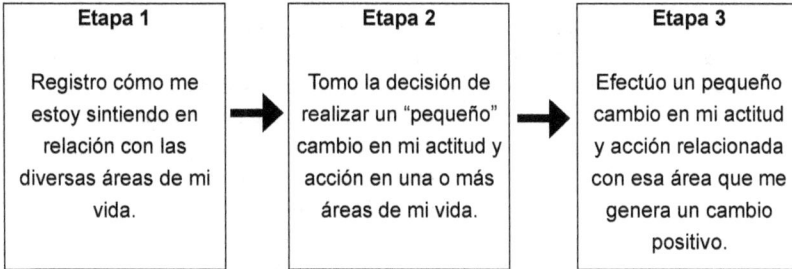

Etapa 1		Etapa 2		Etapa 3
Registro cómo me estoy sintiendo en relación con las diversas áreas de mi vida.	➡	Tomo la decisión de realizar un "pequeño" cambio en mi actitud y acción en una o más áreas de mi vida.	➡	Efectúo un pequeño cambio en mi actitud y acción relacionada con esa área que me genera un cambio positivo.

Todos podemos experimentar dificultades en alguna de las tres etapas, lo cual obstaculiza nuestra capacidad para balancearnos y sentirnos más a gusto con nuestra vida. Un buen líder es aquel que no solo procura crecer y desarrollarse en su trabajo, sino que también asume el desafío de llegar al equilibrio de su vida global a fin de sentirse más vital y valioso. Sin embargo, muchas veces sucede que experimentamos bloqueos emocionales y resistencias en alguna de las tres etapas que nos impiden comprometernos en el proceso de equilibrarnos de forma satisfactoria, lo que puede traernos diversos perjuicios. Para comprenderlo mejor, en la siguiente tabla podemos ver las dificultades de cada una de las tres etapas del proceso de balancearnos.

Las tres etapas del proceso de balancear nuestra vida	Qué sucede si tenemos bloqueos y resistencias en esta etapa
Etapa 1. *Registrar cómo me siento en relación con las diversas áreas de mi vida.*	*Cuando no notamos lo que nos sucede y cómo nos sentimos, podemos manifestar síntomas psicosomáticos, depresión, cuadros de estrés y ansiedad. Por ejemplo, muchos líderes trabajan sin parar y sin registrar lo que sienten, hasta que un día aparecen síntomas físicos (ataque cardíaco, insomnio, depresión, cuadros de ansiedad, etc.).*

Las tres etapas del proceso de balancear nuestra vida	Qué sucede si tenemos bloqueos y resistencias en esta etapa
Etapa 2. *Tomar la decisión de efectuar un cambio de actitud y acción en una o más áreas de mi vida.*	*Cuando estamos conscientes de que precisamos hacer cambios en nuestra vida pero no tomamos la decisión de balancearnos, permanecemos en un estado de impotencia, falta de vigor y escasa energía personal.* *Todo eso perjudica nuestra capacidad de experimentar placer, felicidad y plenitud.* *Por ejemplo, muchas veces sucede que el líder sabe que iniciar una acción lo ayudaría a sentirse mejor (hacer deporte, abordar asuntos pendientes, mejorar sus vínculos familiares, etc.), pero siente miedos y bloqueos para tomar decisiones concretas. Eso puede acrecentar su malestar y empeorar sus conflictos existentes.*
Etapa 3. *Llevar adelante la acción y sostenerla durante un tiempo hasta registrar que me siento un poco mejor y más a gusto con mi vida*	*Cuando estamos conscientes de los cambios que precisamos efectuar y tomamos la decisión de realizar algunos cambios pero no los llevamos a la práctica, estamos restándonos confianza a nuestros propios ojos. Si tomamos una decisión y no la llevamos a cabo, actuamos de manera incongruente y ello nos resta respeto personal y autoestima. A su vez, las personas que nos rodean y saben de la decisión adoptada pueden molestarse y percibirnos como incoherentes y poco fiables.* *Por ejemplo, el líder que habla mucho y hace poco genera escasa credibilidad en los demás.*

- **Reflexión.** ¿Qué área de tu vida precisas modificar para sentirte mejor y más a gusto? ¿En cuál de las tres etapas del proceso experimentas dificultades? ¿Por qué?

Perjuicios por no asumir el compromiso

Mantener nuestra vida equilibrada es un arte que llevamos a cabo desde que ingresamos a la adolescencia hasta que morimos. Es el arte que nos permite conjugar, integrar y equilibrar nuestras diversas áreas, y por lo tanto experimentar placer, bienestar y abundancia. Muchas personas experimentan dificultades para balancear sus vidas adecuadamente, en gran parte debido a bloqueos que manifiestan en alguna de las tres etapas del proceso, lo cual les trae diversos problemas, tales como:

➢ Infelicidad y cuadros de depresión, estrés y ansiedad.
➢ Diferentes problemas de salud.
➢ Conflictos de pareja, familiares y con empleados.
➢ Problemas relacionados con el liderazgo.
➢ Disminución de la calidad de vida en general.
➢ Aburrimiento, falta de motivación y energía.

- **Reflexiona.** ¿Cuáles son los perjuicios que has experimentado en el pasado o bien estás vivenciando actualmente por no haber asumido el compromiso de balancear tu vida?

- **En resumen.** Equilibrar nuestra vida implica detenernos a revisar cómo estamos y nos sentimos en las principales áreas de nuestra vida (familia, salud, pareja, trabajo, recreación, etc.), para luego efectuar pequeños cambios, acciones o movimientos que nos ayuden a sentirnos más a gusto. Cuando una persona asume ese compromiso, mejora su calidad de vida personal y profesional; al mismo tiempo que se vuelve un líder más equilibrado y fuerte. Si se mantiene desequilibrada es posible que se produzcan daños significativos que arruinen su vida personal y profesional.

Coaching transformacional: cómo saber qué queremos cambiar

Por lo antes explicado, es inevitable que surja la pregunta ¿cuáles son las áreas que precisamos cambiar? Pero primero, ¿cómo nos sentimos en relación con cada una de las áreas más relevantes de nuestra vida? El liderazgo personal implica la actitud proactiva de contemplar nuestra vida y observar las áreas con las que estamos conformes y aquellas que no tanto, y hacer algo que nos permita sentirnos mejor. Para poder observar con mayor claridad tu vida en general, déjame presentarte una herramienta del coaching transformacional que he creado, a la que he puesto el nombre de endorfigrama. Con ella podrás observar tu vida en 360 grados. Encontrarás mayor información en mi

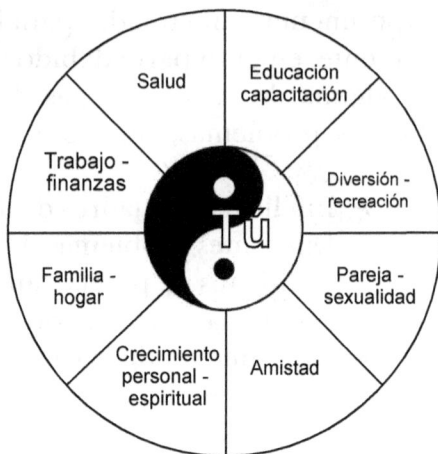

libro *El equilibrio perfecto. Entre tu vida personal y profesional*[13] que te dará los lineamientos para utilizar esta herramienta que seguramente te ayudará a transformar tu vida.

El endorfigrama es muy eficaz para realizar a micro escala lo que las empresas vienen realizando desde hace unos cuantos años a través de las políticas de *work life balance*, que implican ocuparse de la calidad y equilibrio personal y laboral de sus empleados. En mi tarea profesional utilizo muchísimo esta herramienta para ayudar a trabajadores, mandos medios, gerentes y CEOs a conseguir un equilibrio en sus vidas y, por ende, a optimizar su calidad de liderazgo. El *work life balance* se enfoca en implementar en las empresas políticas que promuevan un mejor balance entre la vida personal y profesional de sus empleados. Por ejemplo cuando el sector de recursos humanos aplica estas políticas, pueden traer a la empresa instructores de yoga, *stretching*, masajes, profesores de baile y otras actividades que fomenten una actividad recreativa para que los empleados se sientan más a gusto. O bien pueden consistir en otros beneficios extra,

13 Nachtigall, P.: *El equilibrio perfecto. Entre tu vida personal y profesional.* Ediciones Urano, Buenos Aires, 2015. (Disponible en papel y en e-book.)

como guarderías para comodidad de las madres, pases a gimnasios y todo aquello que signifique una mejor calidad de vida para el personal de la empresa. También pueden ofrecer oportunidades de desarrollo y capacitación.

La premisa de las políticas de *work life balance* se sustenta en el principio de que cuanto más equilibrada esté la vida de una persona, más a gusto se sentirá en la empresa y creará un mayor sentido de pertenencia, compromiso y productividad. De hecho, la tan mentada generación de *millenials*, integrada por los jóvenes nacidos aproximadamente después de 1984 y que en la actualidad constituye un porcentaje importante del personal de toda compañía, según las investigaciones, considera de fundamental importancia lograr una vida balanceada, ya que de otra manera es posible que decaiga su motivación y pierda el deseo de permanecer en la empresa.

Por eso, muchas compañías invierten dinero en estudios y encuestas que les permitan brindar acciones eficaces relacionadas con el *work life balance* a fin de mantener a los miembros de esta generación satisfechos y contentos, ya que es muy importante su permanencia en la empresa. El arte de tener un equilibrio entre nuestra vida y la de la empresa, se vuelve un compromiso que puede aportar múltiples beneficios, tanto a nivel personal y profesional como empresarial. Y un verdadero líder es quien asume el desafío de estar balanceado y a su vez contribuye a que su compañía sea un espacio más equilibrado y agradable para los demás.

Cómo realizar un diagnóstico de nuestra vida

El endorfigrama nos permite observar las ocho áreas más importantes de nuestra vida y chequear el grado de placer y bienestar, o aburrimiento y malestar, que podemos estar experimentando. Resulta fundamental poder abrir nuestros ojos y mirar sin distracciones cómo nos encontramos en cada área, ya que de otra manera nos será imposible hacer algo para sentirnos más a gusto. A continuación se detallan cada una de las ocho áreas.

1. **Salud.** Está relacionada con los hábitos que nos permiten experimentar vitalidad y bienestar corporal. No se trata de si existe o no una enfermedad, sino de la manera en que te conectas con tu salud y lo que haces para conservarla. La salud se sostiene en cuatro pilares:

   ➤ *Practicar actividad física con frecuencia. La OMS afirma que un adulto precisa realizar un mínimo de 150 minutos semanales de actividad física (deporte, baile, caminata, correr, bicicleta, etc.).*

   ➤ *Tener una alimentación equilibrada. La forma en que nos alimentemos regularmente debe cuidar la variedad, cantidad y calidad de los nutrientes necesarios para promover el mejor estado de salud.*

   ➤ *Descansar de forma adecuada. La manera en la que descansamos durante la noche y nos relajamos a lo largo del día nos asegura la renovación biopsíquica de nuestro organismo.*

   ➤ *Hacer chequeos médicos periódicos. Se trata de los estudios clínicos y las visitas al médico que debemos efectuar para controlar el estado de nuestra salud y establecer los cuidados necesarios para preservarla.*

Un líder precisa asumir un compromiso activo con su salud, pues de lo contrario no podrá contar con la vitalidad indispensable para trabajar, crear y liderar con claridad, concentración y fortaleza. Como profesional de la salud, procuro hacer deporte unas cuatro veces por semana, realizo chequeos médicos periódicamente (análisis clínicos, colonoscopia, estudios de corazón, etc.), me alimento de forma equilibrada (aunque también disfruto de un buen asado argentino y sabrosas hamburguesas) y descanso de forma apropiada (cuando puedo, realizo siestas renovadoras). Gracias a este compromiso dispongo del "combustible" necesario para emprender y crecer como persona. Si no cuidas tu salud, como líder tendrás poco vuelo y probablemente te estrellarás. No lo olvides. Por otra parte, resulta fundamental que alientes el adecuado cuidado de la salud en tus colaboradores, empleados y la empresa en la que estés trabajando, ya que en ello consiste el enfoque sistémico de un líder.

- **Reflexiona**. ¿Cómo te has encontrado en lo que respecta a tu salud en los últimos tres meses? Si tuvieras que colocarte un puntaje del 1 al 10, en relación con la satisfacción y el bienestar que experimentas con ella, ¿qué puntaje te adjudicarías? ¿Por qué?

2. **Diversión-recreación.** Es el área que nos conecta con el disfrute, como aficiones, pasatiempos y otras actividades recreativas relacionadas con lo lúdico. Dentro de esta área podemos realizar:

➢ *Hobbies* (pintura, baile, canto, arte, teatro, etc.).
➢ Viajes recreativos (vacaciones, paseos cortos, etc.).
➢ Lectura de entretenimiento (novelas, viajes, etc.).
➢ Ver series y películas, ir al teatro, al cine, etc.

Esta área nos invita a ocuparnos de cultivar nuestro ocio recreativo a fin de conectarnos con el placer y el disfrute. La diversión y recreación es fundamental para balancearnos, ya que nos permite renovarnos psicológicamente y potenciar nuestras ganas de vivir. Cuando se dedica espacio a esta área se renueva la energía y pasión por la vida. Para un líder es fundamental hacerlo, ya que lo vuelve más fluido, alegre y vital. Realizar actividades artísticas y viajes recreativos constituyen formas fundamentales de recargarnos y renovar nuestro empuje, ganas de vivir y creatividad. Desde hace unos años, procuro viajar con mi familia a Europa, donde procuro empaparme de cultura, naturaleza y sabores deliciosos. El resultado es tremendamente beneficioso pues retorno contento, apasionado por la vida y con ganas de plasmar mi motivación en mi trabajo. Salir de nuestro territorio, así sean unos treinta kilómetros, contribuye a ensanchar nuestro horizonte y percepción, lo que resulta muy positivo para quien desempeña un cargo de liderazgo. Lo mismo observo en aquellos CEOs a quienes brindo coaching cuando se toman un tiempo para ir de vacaciones a aquellos lugares que les gustan, lo cual les permite despejarse, descargar su estrés acumulado y regresar a su empresa con la mente abierta a nuevas ideas y maneras de trabajar. El ocio recreativo te vuelve un líder más atractivo e interesante. Y si lo promueves adecuadamente en tu empresa, puedes contribuir a un ambiente más distendido, creativo y productivo.

- **Reflexiona.** ¿Cómo te has encontrado en cuanto a esta área durante este último mes? Si tuvieras que colocarte un puntaje del 1 al 10, en cuanto a la satisfacción y bienestar que experimentas en esta área, ¿qué puntaje te adjudicarías? ¿Por qué?

3. **Pareja-sexualidad.** Refleja nuestra capacidad para crear un vínculo de pareja que nos ayude a balancearnos y nos brinde bienestar, placer y crecimiento. Esta área muestra nuestra capacidad para experimentar una buena relación de pareja en la cual sintamos armonía en los siguientes tres niveles:

> ➤ **Valores.** *Tener afinidad de valores morales con nuestra pareja (fidelidad, honestidad, madurez, etc.).*
> ➤ **Diálogo adulto.** *Poder dialogar de forma adulta con respeto y comprensión permite resolver situaciones diversas, tanto solucionar conflictos como acceder a consensos.*
> ➤ **Intimidad placentera.** *Poder disfrutar íntegramente del sexo, con ternura, diversión y caricias.*

Construir y sostener una buena relación de pareja reviste especial importancia para nuestro bienestar ya que nos genera estabilidad emocional para conducir el resto de nuestra vida. Un líder que mantiene equilibrada esta área, siente un enorme apoyo para crecer en su profesión y afrontar los desafíos que puedan presentársele. Para mayor información, te invito a leer el libro *El buen amor en la pareja*[14]. Aquellos líderes que construyen un buen amor en sus vidas, así como una relación adulta y respetuosa con sus ex parejas, manifiestan mayor madurez y equilibrio para tratar con otras personas.

En mi trabajo de expositor en conferencias en Vistage, he podido conocer muchos coordinadores de grupos de empresarios, quienes habían sido líderes de empresas importantes que conferían una enorme importancia a sus vínculos de pareja por considerarlos un factor estabilizador en sus carreras profesionales. ¿Significa esto que debes casarte o ser feliz en el amor para tener éxito? De ninguna manera. Simplemente es traer a colación el concepto obvio y elemental que una buena relación de pareja es un factor de tremendo apoyo, estímulo y crecimiento para el desarrollo de tu liderazgo. Te invito a profundizar más en este tema en mi curso

---

14 Garriga, J.: *El buen amor en la pareja*. Planeta, Barcelona, 2013.

online "Inteligencia emocional en el amor" si ingresas a: http://pablonachtigall.com/productos/

- **Reflexiona.** ¿Cómo te has encontrado en cuanto a esta área durante estos últimos tres meses? Si tuvieras que colocarte un puntaje del 1 al 10, en relación con la satisfacción y bienestar que experimentas en esta área, ¿qué puntaje te adjudicarías? ¿Por qué?

4. **Amistad.** Esta área refleja nuestra capacidad para establecer vínculos de amistad gratificantes y profundos. La amistad genera una red de apoyo y contención que nos equilibra de maneras insospechadas. Los líderes que cuentan con amigos valiosos, dentro o fuera de su trabajo, se sienten más apoyados y alentados para encarar las dificultades y desafíos que se les presentan. Cuando revisamos esta área, observamos la calidad de la amistad... ¿Mantienes un vínculo respetuoso y afectivo con tus amigos? ¿Puedes compartir alegrías, diversiones y aspectos profundos de la vida? ¿Sientes el apoyo de ellos para crecer como persona y como profesional? Una amistad se convierte en un bello ingrediente en nuestra vida cuando podemos divertirnos y a la vez compartir abiertamente pensamientos, emociones y deseos. Tan solo haz la prueba de preguntar a cualquier líder que consideres exitoso qué peso tienen sus amigos en su vida y te sorprenderás. En nuestra cultura latina, sobre todo la argentina, conferimos a la amistad un espacio y valor muy importante como elemento de ayuda para equilibrar nuestra vida. De hecho, un líder con amistades sólidas es una persona que manifiesta un adecuado nivel de inteligencia emocional para construir vínculos cooperativos dentro de su empresa.

COACHING PARA EQUILIBRAR TU VIDA PERSONAL Y PROFESIONAL

- **Reflexiona.** ¿Cómo te has encontrado en relación con esta área durante estos últimos tres meses? Si tuvieras que colocarte un puntaje del 1 al 10, con respecto a la satisfacción y bienestar que experimentas en esta área, ¿qué puntaje te adjudicarías? ¿Por qué?

5. **Familia-hogar.** En esta área analizamos cómo te sientes en cuanto a tus vínculos familiares más cercanos: con tus padres, hermanos e hijos. La familia es la fuente primordial de sentimientos afectivos, aunque la misma trascendencia puede adquirir cuando existen desequilibrios, y convertirse así en un factor generador de mucho estrés. Dentro de esta área, también revisamos cómo nos sentimos en relación con el hogar donde vivimos... ¿Nos agrada nuestra casa o departamento? ¿Nos sentimos a gusto donde vivimos? A veces una persona puede no estar cómoda en la ciudad, barrio o país donde reside, y eso se manifiesta en su nivel de compromiso, motivación y falta de iniciativa como líder. Por el contrario, si la persona construye y mantiene vínculos familiares equilibrados, en los que puede intercambiar afecto, respeto y apoyo, al mismo tiempo que procura que su hogar sea un espacio agradable y acorde con sus necesidades emocionales, se vuelve un líder con mayor capacidad para generar climas de trabajo adecuados para producir y sentirse a gusto. De hecho, si adoptas una actitud proactiva en embellecer tu hogar es bastante probable que quieras replicarlo en tu espacio de trabajo, y así fomentar una sensación de mayor satisfacción en quienes trabajan junto a ti. Si nos sentimos contentos y cuidamos nuestra área familiar, esto se manifiesta en nuestra manera de posicionarnos frente a la vida, y más precisamente, como líderes. También recuerda que los empleados de tu empresa son personas que

provienen de un sistema familiar con vínculos afectivos. Existen empresas que pretenden que sus empleados trabajen como si fuesen individuos solitarios, pidiéndoles el máximo de si mismos sin contemplar su vida personal. Como líderes es indispensable que contemplemos esto en nuestro liderazgo, ya que ayudamos a que los empleados se sientan reconocidos como seres sociales. Para ello resulta atractivo generar beneficios que abarquen a nuestros familiares (prepaga familiar, descuentos en útiles escolares para hijos pequeños, etc.). Como líder puedes contribuir a que tus empleados deseen seguir permaneciendo y trabajando en tu empresa, si sienten que también ayudas a balancear su área familiar.

- **Reflexiona.** ¿Qué clase de vínculos sostienes con tus padres, hijos y parientes cercanos? ¿Son equilibrados, afectivos y respetuosos? ¿Te hacen sentir bien? ¿Estás a gusto donde estás viviendo? Si tuvieras que colocarte un puntaje del 1 al 10, en relación con la satisfacción y bienestar que experimentas en esta área, ¿qué puntaje te darías? ¿Por qué?

6. **Trabajo-finanzas.** En esta área nos centramos en observar cuán satisfechos y gratificados estamos en relación con el clima laboral, la remuneración, la creatividad y el placer que obtenemos del trabajo. También el área de finanzas nos remite a nuestra relación con el dinero; es decir, cómo nos manejamos financieramente a fin de lograr una vida plena, equilibrada y próspera. Para este tema apasionante, te recomiendo leer el libro *Bendito Dinero: Cómo generar prosperidad material y espiritual en tu vida* (Urano, Buenos Aires, 2012).
Comprometernos con nuestra área de trabajo-finanzas permite que nos desarrollemos profesionalmente.

Durante años he atendido numerosos casos de empresarios o gerentes que atravesaban crisis emocionales debido a su sensación de malestar y disgusto con sus profesiones. Por diversos motivos, estas personas se sentían estancadas en puestos que ya no les reportaban placer, estímulo y motivación, y estaban deprimidas y cansadas. Mi trabajo consistía en ayudarles a generar un espacio de reflexión y conexión con lo que conseguía entusiasmarlos. También los invitaba a reflexionar acerca de aquellas condiciones laborales que necesitaban generar en sus empresas para sentirse más estimulados y contentos para trabajar. A veces, balanceando otra área del endorfigrama se consigue cambiar nuestra capacidad para trabajar equilibradamente. Este era el caso de un líder del sector tecnológico que me había manifestado que se sentía aburrido en su puesto de trabajo. Para ello, lo invité a que se inscribiera en algún curso de teatro o de *clown*, pues eso lo ayudaría a soltarse y explorar el juego y la creatividad. Esta persona accedió porque tenía afinidad con esas actividades (nunca se había dado permiso para participar en ellas) y al cabo de unos meses se mostraba radiante, relajado y feliz. Sus empleados bromeaban con él y le pedían que trajera esas clases a la empresa para que todos estuvieran contentos. El concepto primordial aquí es simple: nosotros somos los responsables de detenernos y reflexionar sobre lo que nos sucede en esta área y emprender los cambios que nos hagan sentir más a gusto. Y esto tiene un impacto directo en el clima laboral.

- **Reflexiona.** ¿Cómo te sientes en relación con tu trabajo? ¿Estás a gusto en tu empresa y/o profesión? Si tuvieras que colocarte un puntaje del 1 al 10, en cuanto a la satisfacción y bienestar que experimentas en esta área, ¿qué puntaje te darías? ¿Por qué?

7. **Crecimiento personal-espiritual.** Es el trabajo con nuestra inteligencia emocional, también conocida como sabiduría para la vida, lo que nos permite volvernos personas más amorosas, equilibradas y centradas. Esta área se basa en tres pilares:

➤ *La manera en que renovamos nuestra energía a través de ciertas prácticas psicoespirituales (yoga, meditación, tai chi, tantra, oraciones, etc.).*

➤ *El espacio que destinamos a la generosidad o al dar de manera incondicional (participación en alguna causa de bien público o particular que implique un compromiso en otorgarle parte de nuestra atención, dinero, habilidades y afecto para que otros puedan desarrollarse).*

➤ *La forma en que trabajamos y desarrollamos nuestra inteligencia emocional a través de psicoterapia, coaching, cursos de desarrollo y liderazgo o mediante algún guía espiritual, religioso o no.*

Esta área nos permite crecer en sabiduría e inteligencia emocional de forma integral, lo que luego impacta en el resto del endorfigrama. Cuanto más invitamos en esta área mayor será la posibilidad de cambiar nuestra actitud y acciones relacionadas con el resto de las áreas de nuestra vida. Muchos líderes acuden a retiros espirituales o bien se enfrascan en actividades psicoespirituales para transformar la calidad de su liderazgo (psicoterapia, meditación, *mindfulness*, etc.). Recuerdo que cuando ingresé a Vistage, una de las organizaciones más importantes de líderes de empresa, para dictar conferencias, creía que sus integrantes no prestarían atención a temas como superación personal y espiritualidad. Claro que se trataba de mi prejuicio e ignorancia acerca del tema. A medida que interactuaba con diversos grupos descubría la enorme cantidad de empresarios que estaban buscando actividades espirituales y psicoterapéuticas para enriquecer sus vidas. En mis charlas siempre aludía a conceptos de maestros espirituales, constelaciones familiares y cábala que siempre tenían muy buena recepción, ya que en ellos encontraban un espacio de búsqueda de un sentido mayor, más allá del área estrictamente laboral.

El crecimiento personal-espiritual es fundamental para otorgar a nuestra vida un sentido que trascienda las necesidades básicas. Esta área nos conecta con el "para qué" estamos en nuestra vida, qué podemos dar al mundo para enriquecerlo. He conocido muchos líderes que se involucraban en actividades filantrópicas. Particularmente recuerdo con mucha emoción el caso de un empresario muy exitoso que había creado una red solidaria luego de haber perdido a su hijo. Se trataba de una ONG que había crecido exponencialmente, permitía a otros líderes empresariales sumarse a ella y ayudaba a que personas vulnerables desarrollaran sus talentos para insertarse en el mundo laboral. Por ello, según mi experiencia profesional, puedo decirte que una persona que destina un espacio a su área de crecimiento personal-espiritual, se vuelve un líder con mayor brillo y capacidad de inspirar a otros a desarrollar sus potencialidades.

- **Reflexiona.** Si tuvieras que colocarte un puntaje del 1 al 10 en cuanto a tu compromiso, satisfacción y bienestar que experimentas en esta área, ¿qué puntaje te adjudicarías? ¿Por qué?

8. **Capacitación-educación.** Es el área relacionada con lo que hacemos para cultivarnos y aumentar nuestros conocimientos profesionales. Cuanto más nos

capacitamos y educamos, aumentamos nuestros recursos para mejorar en el área de trabajo, finanzas, lo cual promueve un mayor desarrollo profesional como líderes. Las empresas, por su parte, invierten en capacitar a sus empleados para potenciar su capital humano, lo cual incide directamente en sus niveles de productividad. Cuanto más invierten los líderes en capacitarse, más potencian sus capacidades y herramientas para mejorar la calidad de su liderazgo. Podemos capacitarnos por medio de:

➤ *Cursos presenciales u online.*
➤ *Lectura de libros relacionados con temas laborales.*
➤ *Cursos universitarios.*
➤ *Jornadas de actualización profesional.*
➤ *Reuniones con colegas o profesionales de áreas complementarias a tu actividad.*
➤ *Adoptar una actitud autodidacta en la lectura sobre temas de nuestro trabajo.*

Todo esfuerzo destinado a capacitarnos promueve un estado de mayor confianza y competencia en nuestra manera de lidiar con los asuntos que se nos van presentando. También enriquece nuestra forma de resolver los problemas, generándonos nuevas perspectivas de abordaje. En esta área es donde literalmente entrenamos y "afilamos" nuestra mente para luego poder aplicar nuestros conocimientos y producir mejor. Como líder también es de vital importancia promover la capacitación de tus empleados, ya que ello incide directamente en la productividad de tu empresa. De hecho, una organización que sostiene un compromiso sólido con la capacitación de sus empleados tiene mayores posibilidades de sobrevivir, prosperar y mantenerse en el mercado que aquellas que no lo hacen. Y este mismo principio es aplicable a sus líderes.

- **Reflexiona**. Si tuvieras que colocarte un puntaje del 1 al 10 en cuanto al compromiso y proactividad que experimentas en esta área, ¿qué puntaje te adjudicarías? ¿Por qué?

Coaching transformacional. Cómo equilibrar nuestra vida

Hasta aquí hemos descrito las ocho áreas importantes de nuestra vida en general.

Ahora comenzaremos a equilibrarlas. Vuelve a contemplar este diagrama. La primera vez que has contemplado el endorfigrama ha sido para describir tu estado actual, que se refiere al estado en el que te encuentras en estos momentos en relación con las ocho áreas de tu vida. El estado deseado es aquel al que ambicionas llegar una vez realizados los cambios en tu vida necesarios para que puedas tener mayor placer, satisfacción y confianza. ¿Cuáles son los cambios que deseas realizar en tu endorfigrama para balancear tu vida? El proceso de equilibrar nuestra vida consta de tres etapas:

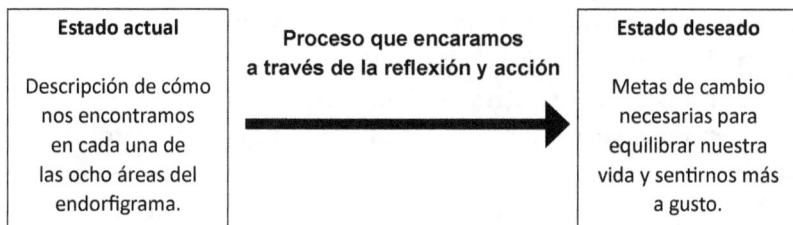

Estado actual	Proceso que encaramos a través de la reflexión y acción	Estado deseado
Descripción de cómo nos encontramos en cada una de las ocho áreas del endorfigrama.	→	Metas de cambio necesarias para equilibrar nuestra vida y sentirnos más a gusto.

Equilibrar nuestra vida implica tomar la decisión de efectuar modificaciones en las áreas donde sentimos que necesitamos cambiar. La actitud de liderazgo personal implica asumir el compromiso de comenzar a realizar acciones concretas en las áreas en las que queremos sentirnos más equilibrados. La definición de estar más a gusto con tu vida depende de lo que tú desees y necesites. Puede que en estos momentos represente experimentar más tranquilidad porque vives corriendo y cumpliendo compromisos. Para otros, puede ser añadir más diversión y estímulo a su vida. En algunos casos se trata de una decisión personal, mientras que en otros de algo en conjunto. Por ejemplo, puede que junto a tu pareja tomes la decisión de inscribirte en un club para pasar allí los fines de semana porque deseas balancear tu vida familiar con más contacto con la naturaleza, ocio y salud. En cualquier caso, adquirir equilibrio significa detenernos y observar cómo nos sentimos en cuanto a nuestra vida para luego emprender los cambios que nos parezcan necesarios. Por eso, siempre es aconsejable que comiences con una o dos áreas y que no caigas en el error común de querer abarcar mucho; como dice el refrán, "quien mucho abarca, poco aprieta".

Un líder es quien en primer lugar debe asumir la decisión de balancear su propia vida, y más precisamente unas pocas áreas de ella, y de manera comprometida. Es iniciar el proceso de equilibrar su propia vida lo que lo habilita y confiere autoridad y poder personal para liderar a otros e inspirarlos para que equilibren sus propias vidas. Esta es la razón por la que este capítulo es más extenso que los demás, pues comprende el trabajo personal que un líder debe realizar continuamente con su propia vida para generar un aura de fuerza, credibilidad y magnetismo que le permita liderar a otros, al sentirse capaz y merecedor.

Muchas veces, los líderes procuran generar cambios en sus empleados, aunque se niegan a efectuarlos en sus propias vidas, lo que constituye un mensaje incongruente que así es percibido y genera falta de credibilidad y confianza hacia su persona. Por ello, como deseamos estimularte hacia una vida coherente, precisas comenzar por tu persona. Por eso, vuelve a observar el endorfigrama y elige tan solo dos áreas en las que te parezca necesario efectuar un cambio. Procura elegir aquellas en las que en realidad desees hacer un cambio, evitando escoger aquellas en las que te sientas "obligado" porque alguien te ha dicho que deberías hacerlo. Una vez que escojas las dos áreas, escribe una meta de cambio para cada una de ellas. Para redactar una meta de cambio que balancee tu vida precisas seguir las siguientes cuatro reglas:

1. La meta debe ser una acción concreta. *Ej.: "Me comprometo a caminar".*	**2. La meta precisa generarte placer y no ser una obligación.** *Ej.: "Me comprometo a caminar por el parque cercano a mi casa (me gustan sus árboles)".*
3. La meta debe tener una fecha de inicio. *Ej.: "Me comprometo a caminar a partir del próximo lunes".*	**4. La meta precisa cuantificarse. Es decir, tener una duración y frecuencia determinadas.** *Ej.: "Me comprometo a caminar dos veces por semana".*

La manera en que redactemos nuestras metas de cambio resulta fundamental para el logro de los cambios deseados. De allí la importancia de respetar estos principios para redactar una meta. Por otra parte, siempre es conveniente comenzar por una o dos metas en las áreas que nos signifiquen mayor placer, ya que hará más fácil y gradual el proceso y permitirá ir ganando confianza. Lo maravilloso de adquirir el compromiso con este proceso de balancearnos, es ir haciéndolo de a poco y sostener dichos cambios mientras apreciemos que estamos sintiéndonos mejor. Esto de por sí constituye un enorme estímulo motivacional para quien desempeña en su trabajo un rol de liderazgo, pues contribuye a potenciarlo. En el siguiente cuadro puedes observar ejemplos de metas mal redactadas y bien redactadas en diferentes áreas del endorfigrama.

Meta mal redactada sobre cada una de las ocho áreas del endorfigrama	Meta bien redactada sobre cada una de las ocho áreas del endorfigrama
Salud: "Quiero mejorar mi salud y bajar de peso" (es genérica y poco específica).	*Salud:* "Me comprometo a caminar tres veces por semana a partir de la semana próxima y sostenerlo un mínimo de tres meses" (contiene una acción específica, su frecuencia y fecha de inicio).
Pareja: "Quiero mejorar mi relación de pareja" (es una meta poco concreta y ambigua. No señala qué aspectos específicos de la relación de pareja desea mejorar).	*Pareja:* "Me comprometo a sostener un diálogo respetuoso y sin interrumpir a mi pareja por lo menos durante 10 minutos, una vez por semana".
Amistad: "Quiero mejorar mi relación con Pedro porque discutimos todo el tiempo".	*Amistad:* "Me comprometo a revisar qué me sucede con mi vínculo con Pedro y hablarlo con él la semana próxima".
Familia-hogar: "Quiero mejorar la relación con mi padre" (no indica qué aspectos desea mejorar del vínculo con su padre).	*Familia-hogar:* "Me comprometo a verme con mi padre para conversar al menos una vez por semana a partir del mes próximo".
Trabajo-finanzas: "Me gustaría ser un mejor líder" (no especifica qué aspectos le gustaría mejorar).	*Trabajo-finanzas:* "Me comprometo a desarrollar mayor empatía y firmeza en mis acciones como líder a partir del próximo año."
Diversión-recreación: "Me gustaría divertirme más en mi vida porque escasamente salgo a divertirme los fines de semana".	*Diversión-recreación:* "Comenzaré clases de salsa y merengue la próxima semana".
Educación-capacitación: "Quisiera ser un líder con más recursos" (no explica qué recursos desea desarrollar).	*Educación-capacitación:* "Me comprometo a leer un libro relacionado con mi tarea como líder a partir de ahora".
Crecimiento personal-espiritual: "Quisiera dejar de sentirme frustrado e insatisfecho con mi vida" (habla en abstracto y no indica acciones concretas).	*Crecimiento personal-espiritual:* "Me comprometo a iniciar una psicoterapia para trabajar mis dificultades emocionales".

Fijarse una meta de cambio que nos ayude a balancearnos no necesariamente debe significar un cambio. También puede tratarse de una acción que nos aproxime a un cambio; de hecho, puede ser un primer paso hacia la meta. Como dice el proverbio chino, "Un viaje de diez mil kilómetros empieza por un solo paso". Comenzar nuestro proceso de equilibrarnos con una pequeña acción puede generar una enorme diferencia para nuestra calidad de vida. Esto es algo que me gusta proponer a las personas que no acostumbran a practicar actividad física ni se sienten motivadas para iniciarla. Simplemente les sugiero que den una vuelta a la manzana cuando llegan de su trabajo para poder distenderse y quitarse el estrés acumulado. Esta pequeña acción, cuando es repetida unas tres veces a la semana, puede generar un cambio muy positivo en nuestro estado de ánimo; como reza el dicho, "Menos es más".

Comenzar por algo sencillo en una de las áreas del endorfigrama y sostenerlo durante un tiempo, promueve cambios significativos. Un error frecuente que noto con empresarios cuando trabajo en la fijación de sus metas es su deseo de efectuar cambios radicales de la noche a la mañana, que suelen acabar en estados de frustración en quienes abandonan sus objetivos. Esto en general suele darse porque la persona se siente ansiosa y quiere ver cambios en aquellas áreas que desde hace tiempo tiene descuidadas. Ese era el caso de Emilia, una empresaria exitosa que hacía meses postergaba su decisión de comenzar gimnasia. Cuando estábamos trabajando con sus metas, Emilia manifestó muy decidida que a partir de la semana siguiente comenzaría clases de gimnasia cuatro veces a la semana. Cuando volví a verla, dos meses después, Emilia se sentía frustrada porque aún no había iniciado su rutina deportiva argumentando que no tenía tiempo para hacerlo. Existen resistencias y bloqueos internos de los que la persona no es consciente y que pueden boicotear sus intentos de equilibrarse. El querer cambiar de manera repentina e instantánea no es la solución; de hecho puede acrecentar nuestra resistencia. Por eso siempre es aconsejable iniciar un proceso de cambio de manera gradual en una o dos áreas del endorfigrama y sostenerlo como mínimo durante dos meses. Recién ahí conviene comenzar con nuevas metas. Para nuestra psiquis es fundamental sentir que podemos lograr y sostener lo que nos proponemos aún cuando consideremos que la meta sea ínfima. Esta es la base de la autoestima y confianza personal que nos permite crecer y sentirnos plenos en nuestra vida personal y profesional.

- **Reflexiona**. ¿Cuáles son las dos áreas del endorfigrama que escoges para comenzar a balancear tu vida aquí y ahora? ¿Qué cambios precisas llevar adelante en tu vida para equilibrar tu liderazgo? ¿Qué metas de cambio redactarías para cada área que has elegido?

Generar un plan de acción para equilibrar tu vida

Asumir el compromiso de tener una vida equilibrada implica sostener un proceso en el que cultivamos acciones simples y proactivas en las diversas áreas de nuestra vida. No solo nos encaminaremos hacia nuestras metas laborales, también nos comprometeremos con un estado de salud, amor, placer y crecimiento personal. Al principio puede parecerte mucho, pero a mediano plazo estarás sentando las bases de una vida próspera y abundante en la que podrás experimentar riqueza emocional, vincular y financiera. Y créeme que a las personas que lideres eso les agradará, y respetarán más a un líder con esas características que a uno que solo vive para trabajar. Por ello, una vez fijadas las metas de cambio del estado deseado del endorfigrama, resulta necesario colocarlas en nuestra agenda para poder llevarlas a la práctica. A su vez, es muy recomendable compartir nuestras metas de cambio con las personas que pueden respaldarnos y apoyarnos en el proceso. No es lo mismo que inicies de manera solitaria este proceso que hacerlo en compañía de otras personas que pueden darte ánimos en los momentos en que decaiga tu motivación. Al respecto, pedir apoyo a nuestra pareja, familiares, amistades o guías terapéuticos puede ayudarnos muchísimo para equilibrar nuestra calidad de vida. Claro que es conveniente que escojas a una persona que pueda darte apoyo en vez de desalentarte para el cambio. A veces las personas actúan de manera incoherente, ya que deciden efectuar cambios positivos pero escogen compartir sus metas con pesimistas, quejosos y criticones que terminan desalentándolas. La idea es que procures el apoyo de una o dos personas que sepas que te potenciarán en tus cambios en vez de restarte.

La importancia vital de promover organizaciones balanceadas

Así como resulta necesario comenzar a equilibrarnos, podemos realizar este proceso en las empresas donde trabajamos y ocupamos algún cargo de liderazgo. Se considera que una empresa está equilibrada cuando cuenta con una cultura organizacional que la lleva a valorar y manifestar a través de acciones concretas su cuidado y buen trato de sus líderes y empleados de manera que estos sientan motivación, placer y gusto por trabajar en ella. En los últimos años las políticas de *work life balance* han remarcado la importancia de aplicar acciones que promuevan un mejor balance de vida personal y profesional en el personal de una compañía. Sobre este punto deseo remarcar el valor del enfoque sistémico, que se orienta a crear condiciones de trabajo, más allá de la visión de sus líderes, para que los empleados puedan trabajar y producir de manera equilibrada. Los resultados obtenidos en diversas encuestas relacionadas con este tema son contundentes: mejores condiciones de trabajo promueven mayor estabilidad y permanencia de los empleados en la empresa. Resulta muy interesante la investigación realizada por *Great Place to Work*® en Argentina, con 80.000 empleados de más de cien compañías, que refleja cuáles son los motivos de permanencia en una empresa.

> *El 43% de los encuestados da importancia a la posibilidad de crecimiento y desarrollo profesional.*
> *El 24% señala como importantes las políticas de* work life balance *que la empresa implemente en beneficio de ellos.*
> *El 19% da importancia a las remuneraciones y beneficios que puedan recibir de la empresa.*
> *El 4% indicó que da importancia a la estabilidad laboral que puedan lograr dentro de la empresa.*
> *El 9% indicó otros motivos inespecíficos.*

Fuente: Investigación de Great Place to Work® en Argentina, con 80.000 empleados y más de 100 empresas.

Estos resultados pueden constituir una fuente de información muy valiosa para cualquier líder de empresa, sobre todo para los CEOs, los gerentes y el departamento de RRHH, ya que ponen en evidencia los factores que pesan en los empleados a la hora de elegir y permanecer en una empresa. De los datos citados, los primeros dos puestos demuestran que una persona valora en una empresa, por sobre todas las cosas, la posibilidad de crecer profesionalmente y percibir comodidades que contribuyan a su equilibrio personal y profesional. Algunas empresas están dando pasos en este sentido y han comenzado a brindar diversas comodidades a sus empleados. Utilizar el endorfigrama para examinar tu empresa de manera sistémica puede constituir un paso muy valioso para ayudar a balancearla. Como líder, puedes observar el endorfigrama y preguntarte cómo puedes promover mejores condiciones de trabajo que permitan que tus empleados tengan más equilibradas sus diversas áreas. En términos más concretos, como líder puedes preguntarte cómo conseguir que tu equipo de personas y empleados:

• Desarrollen mayores recursos y conocimientos para desempeñar adecuadamente sus tareas.
• Perciban que sus necesidades familiares también

tienen un lugar en la compañía a través de descuentos en útiles escolares, días consagrados a la familia de los empleados y otros beneficios dirigidos a su entorno familiar (área familia).

- Dispongan de estímulos y beneficios para optimizar su salud mediante descuentos en gimnasios, prepagas de salud, clases con nutricionistas, etc. (área salud).
- Disfruten de pausas de ocio y recreativas en su trabajo que les permitan descansar, renovarse y aumentar su placer dentro y fuera de la empresa (área recreación-diversión).
- Puedan acceder, para su crecimiento personal y espiritual, a clases de yoga, meditación, respiración, sesiones de coaching, etc. (área crecimiento espiritual-personal).
- Puedan tener un intenso intercambio entre ellos y los líderes para trabajar de manera más productiva, cooperativa y equilibrada (área trabajo).

Comenzar a buscar la respuesta a estas necesidades puede ser el comienzo de un proceso fructífero para equilibrar tu empresa. Más tarde, a partir de otros datos que puedan ser necesarios (tal vez, trabajando en equipo con el departamento de RRHH), puedes decidir cuáles serían las acciones más apropiadas para implementar en la empresa. Quiero remarcar que una adecuada política de *work life balance* tiene un impacto tremendamente positivo en la salud integral de los empleados, promoviendo en ellos mayores niveles de satisfacción, productividad y deseos que querer permanecer dentro de la empresa. Según mi experiencia profesional, esto funciona tanto en pymes como en grandes empresas o instituciones, sin importar si se componen de dos a 2.000 personas.

Resulta muy interesante el caso del prestigioso sanatorio Finochietto, una de las instituciones privadas argentinas de salud más importantes de Latinoamérica. Sus autoridades médicas han decidido brindar por primera vez a su personal, compuesto de unos 900 empleados (entre médicos, enfermeras, kinesiólogos, administrativos, gerentes, etc.), una capacitación diseñada para promover su bienestar general. Hasta ahora se había hecho hincapié en el servicio al cliente por el cual el sanatorio Finochietto logró un reconocimiento internacional. Pero a partir de ese momento, esta institución de salud ha comenzado a brindar seminarios para cuidar a sus propios empleados que día a día afrontan el estrés de cuidar a sus pacientes. Esta iniciativa representa una modificación muy valiosa porque apunta a brindar recursos y herramientas para manejar el estrés y cultivar un estado de bienestar en quienes trabajan en el sanatorio. Y personalmente me siento honrado por haber sido elegido para dictar este programa, denominado "Cultiva tu bienestar", en esta prestigiosa organización de salud. No es frecuente que un sanatorio o espacio de salud destine recursos para ocuparse que sus empleados administrativos y profesionales estén balanceados. Esto habla muy bien de la cultura organizacional de dicha institución, preocupada en brindar herramientas para elevar el bienestar de sus empleados. Por lo general, los médicos, enfermeros y demás profesionales que participan en la atención de la salud suelen estar expuestos a altísimos niveles de estrés y luego deben procurar ayuda fuera de su trabajo para reducir su ansiedad, malestar y tensiones. Como psicólogo, he atendido muchos pacientes médicos provenientes de diferentes instituciones de salud, públicas o privadas, que llegaban al consultorio padeciendo síntomas de agotamiento debido a que en sus propios espacios de trabajo se hacía poco o nada para cuidarlos de forma adecuada.

Cuando una empresa o institución destina tiempo y recursos a atender a sus empleados, estos perciben que existe una política de liderazgo que procura ayudarlos a balancear sus vidas; y por lo general responden muy positivamente, comprometiéndose más con la organización. Esta es la esencia de realizar acciones para equilibrar tu empresa; conversar con tus empleados a fin de conocer sus necesidades y luego idear determinadas acciones que promuevan mayor bienestar, confort y placer en su trabajo. Es decir, liderar un proceso para que tu empresa, cualquiera sea su tamaño, se vuelva un lugar donde dé gusto colaborar. Además, al contrario de lo que suele creerse, para ello no se requiere una importante inversión de dinero, solo se trata de llevar adelante acciones simples que promuevan un mejor clima de trabajo. Como líder, tan solo recuerda que tu capacidad de generar éxito depende de contar con un equipo de empleados que se sientan a gusto y trabajen de manera productiva. No existe liderazgo sin empleados, por ende, resulta indispensable que los observes y procures conocer sus inquietudes y preocupaciones. Se trata de un proceso de co-construcción que se realiza día a día. Generar un buen trato y establecer una comunicación fluida, junto a determinadas condiciones laborales que sean beneficiosas para todos, puede hacer la diferencia entre una empresa exitosa y otra en la que las personas renuncian porque se sienten incómodas.

- **Reflexiona.** Como líder, ¿te detienes a reflexionar y revisar si el lugar donde trabajas posee las condiciones adecuadas para que los empleados realicen sus tareas de manera equilibrada y productiva? ¿Has promovido acciones para que tus empleados equilibren mejor sus vidas? ¿Qué tipo de acciones implementarías para que tu empresa se vuelva un lugar donde las personas, inclusive tú, experimenten sentido de pertenencia y deseos de trabajar?

Sugerencias para equilibrar tu vida personal, profesional y empresarial

➢ **Realiza el diagnóstico de tu estado actual.** Observa el endorfigrama y coloca un puntaje a cada área de tu vida, con relación al grado de bienestar y satisfacción que has sentido en los últimos tres meses. Para ello, completa el cuadro que hay abajo teniendo en cuenta los siguientes criterios de puntaje:

1 a 4	,,	regular
5 a 6	,,	insuficiente
7 a 8	,,	bastante bueno
9 a 10	,,	óptimo

A continuación te brindo un ejemplo hipotético con dos áreas del endorfigrama:

Áreas del endorfigrama	Estado actual Calificación en puntos. Indica la razón por la que colocas este puntaje	Estado deseado Escribe un cambio concreto que realizarías para esta área
Salud	5 - Practico deporte una vez a la semana pero no realizo chequeos médicos con frecuencia.	
Trabajo-finanzas	4 - Me siento insatisfecho en mi trabajo y rol de líder porque siento que mis jefes no me valoran y hay mucha presión para lograr objetivos.	

Ahora completa las dos últimas columnas del siguiente cuadro:

Áreas del endorfigrama	Estado actual Calificación en puntos. Indica la razón por la que colocas este puntaje	Estado deseado Escribe un cambio concreto que realizarías para esta área
Salud		
Familia-hogar		
Trabajo		
Pareja		
Capacitación-educación		
Pareja-sexualidad		
Crecimiento personal-espiritual		
Diversión-recreación		

> **Promueve acciones para balancear tu organización.** Como líder, ¿qué clase de acciones implementarías para mejorar las condiciones de trabajo en tu empresa? Define dos acciones simples que puedas implementar para mejorar el clima de tu empresa, sector o equipo de trabajo.

Acción 1: ....

Acción 2: ....

106

Gestión emocional de nuestra vida personal y profesional

Una pyme de 80 personas me había convocado para trabajar con uno de sus gerentes, cuyo principal problema era que su sector tenía una alta rotación de empleados. Alfredo, el líder en cuestión, tenía 55 años y estaba al frente de un grupo de 15 telemarketers cuyas edades eran de entre 22 y 30 años, la tan mentada generación millenial. Su dificultad era que no sabía cómo liderar adecuadamente ese grupo, quienes al cabo de cuatro meses terminaban por renunciar por sentirse agotados y poco contenidos. En nuestra primera reunión de psicocoaching con Alfredo pude constatar que era una buena persona pero con dificultades para expresar sus emociones, sobre todo el afecto, lo cual lo llevaba a exteriorizar poco o nada su reconocimiento y contención cuando alguno de su grupo desempeñaba bien su tarea. Además, Alfredo demostraba cierta distancia emocional por el estrés que tenían sus empleados, y se había ganado el apodo de "Capitán Hielo" (el enemigo de Batman). Durante nuestro primer mes de coaching nos enfocamos en desarrollar una mejor gestión del afecto en su persona mediante la práctica de pequeñas acciones que lo llevasen a interesarse y cuidar más del clima laboral de su equipo. Tuve que explicarle claramente a Alfredo que la generación millenial tenía determinadas características que los llevaban a dar prioridad a sentirse a gusto en su lugar de trabajo, algo que para la generación de Alfredo era difícil de comprender. Fue un inicio alentador que duró unos tres meses, en los que trabajamos su capacidad para expresar más sus emociones de manera adecuada y acorde con las necesidades de su equipo. Así, generó en sus empleados un cambio visible de humor que se tradujo en una mayor permanencia en sus puestos de trabajo, junto con una mejora de la capacidad productiva.

¿Cuáles son las emociones que puedes expresar con mayor comodidad y cuáles las que te incomodan en tu desempeño como líder? ¿Eres consciente del impacto que tiene el manejo de las emociones en tu liderazgo? Vivir supone experimentar diversas emociones y expresarlas en el relacionamiento con las demás personas. Un líder puede experimentar un arco iris emocional que va desde la tristeza, rabia o alegría hasta el miedo, ya que no es un robot sino un ser humano, y como tal piensa y siente. Experimentar y expresar nuestras emociones de manera equilibrada nos permite crecer en el aspecto personal y profesional. Cuando sentimos ciertas emociones y no nos permitimos expresarlas, o lo hacemos de manera inadecuada, podemos generar un impacto muy negativo en nuestra salud y en la de quienes nos rodean. Para una persona que ocupa y ejerce un rol de liderazgo dentro de una empresa resulta fundamental aprender a gestionar y expresar de forma apropiada sus emociones, ya que de otra forma podría originar numerosas consecuencias negativas para él y para quienes lidera. En este sentido, vale la pena recordar la definición de Daniel Goleman: "La inteligencia emocional es la capacidad para reconocer sentimientos propios y ajenos, y la habilidad para manejarlos".[15]

Reconocer nuestras emociones y sentimientos es indispensable para nuestro bienestar y crecimiento, ya que al hacerlo podemos darles un cauce adecuado para que nos ayude a construirnos una buena vida. Por otra parte,

---

15 Goleman, D.: *La inteligencia emocional.* Javier Vergara Editor, Buenos Aires, 1995.

reconocer lo que sentimos ante determinadas situaciones nos permite comprender mejor y actuar de manera más adulta, madura y responsable. También nos ayuda a comprender a los demás y generar vínculos empáticos, situarnos en "los zapatos del otro", una metáfora que refleja la capacidad para conectarnos con el mundo de los demás. Un líder que manifiesta equilibrio y cierto grado de madurez se muestra capaz de reconocer lo que el otro siente y darle su espacio, sin querer reprimirlo, encauzarlo de forma adecuada para ayudarlo a crecer y relacionarse con las demás personas de manera productiva y equilibrada. Sin el reconocimiento de sus propias emociones, un líder puede enfermar. Y tampoco podrá escuchar ni empatizar con los demás, por lo que puede fracasar en su gestión profesional, al igual que en su vida privada. Quizás hayas escuchado hablar de líderes de multinacionales que son famosos por sus logros, así como por su carácter despótico y autoritario. Si indagas en la vida privada de ellos, puedo asegurarte que en el 95% de los casos sostienen vínculos conflictivos con sus familiares, ocasionándoles mucho dolor y malestar. Por ello, la gestión emocional que realizamos con nuestras propias emociones resulta ser el paso fundamental para relacionarnos amigablemente con nosotros mismos y con los demás, sean nuestros familiares, empleados o jefes. A lo largo de este capítulo exploraremos las cinco emociones auténticas que todo ser humano posee y cómo se ponen en juego en el ejercicio de nuestro liderazgo. A su vez, nos detendremos a analizar qué sucede cuando no las manejamos adecuadamente, y sus consecuencias en nuestra vida personal y profesional. Finalmente, exploraremos sobre cómo podemos gestionarlas de forma eficaz con la finalidad de potenciar nuestro liderazgo emocional.

Test

El siguiente está diseñado para revisar si estás gestionando adecuadamente tus emociones en tu trabajo. Permítete contestar en forma sincera y objetiva

1 = POCAS VECES   2 = ALGUNAS VECES   3 = MUCHAS VECES

Conductas y actitudes relacionadas con una adecuada gestión emocional como líder	1	2	3
1. Considero que manejo adecuadamente mis emociones, lo que me genera satisfacción y bienestar en mi relación con los demás.			
2. Cuando siento rabia por una situación, puedo reconocerlo y manejarlo de forma apropiada sin caer en ataques de ira o acumular resentimiento.			
3. Me gusta generar climas emocionales adecuados para compartir lo que mis empleados piensan y sienten mientras trabajamos juntos.			
4. Me gusta celebrar los acontecimientos que para mi equipo son importantes, lo cual ayuda a que nos sintamos más cómodos, relajados y a gusto.			
5. Me permito sentir y conectarme con la tristeza, y necesito compartirla con personas que quiero y respeto, sin intentar disfrazarla u ocultarla.			
6. Me gusta generar un ambiente de trabajo donde circule el afecto y calidez en mi equipo.			
7. Procuro trabajar en condiciones placenteras que me ayuden a disfrutar de mi trabajo.			
8. Me gusta alentar espacios para que podamos celebrar, reírnos y compartir cosas ajenas al trabajo, lo cual potencia mi rol profesional en la empresa.			
9. Considero importante alentar una dinámica de trabajo donde se pueda gestionar adecuadamente las emociones para propiciar un clima equilibrado de trabajo.			
Total de respuestas			

Puntajes

Si la mayoría de las respuestas es 1, estás manifestando dificultades para gestionar adecuadamente tus emociones como líder. Este puntaje puede indicar que te cuesta reconocer y manejar de forma apropiada tus diversas emociones, tales como tristeza, rabia, afecto, miedo o alegría tanto mientras ejerces tu liderazgo como en tu vida personal. Sería importante que leyeras atentamente este capítulo y lleves adelante las sugerencias propuestas al final.

Si la mayoría de las respuestas es 2, puedes estar teniendo algunas dificultades para gestionar tus emociones de forma adecuada. Este puntaje puede significar que necesitas asumir un mayor compromiso en desarrollar aquellos ítems que has marcado con el puntaje 1.

Si la mayoría de las respuestas es 3, estás gestionando adecuadamente tus emociones como líder, lo cual te puede brindar innumerables satisfacciones tanto a nivel personal como profesional. Felicitaciones. Continúa por este camino de mayor inteligencia emocional.

Las cinco emociones auténticas y cómo afectan a nuestra manera de liderar

La escuela argentina de análisis transaccional, una corriente psicológica cuyos principios se aplican en el ámbito empresarial, explica que existen cinco emociones auténticas o genuinas que todos los seres humanos experimentamos desde que nacemos. Se denominan emociones auténticas porque puedes observarlas en los niños pequeños hasta que, por mandatos familiares, sociales y culturales, comienzan a ser reprimidas a fin de adaptarse a sus entornos.

Todos experimentamos, en diversos momentos de nuestra vida, alguna de estas cinco emociones auténticas. Sin embargo, es probable que inducidos por nuestros modelos familiares hayamos reprimido su expresión. Por ejemplo, puede que hayas crecido en una familia en la que resultaba común expresar la rabia de manera inadecuada, y tus padres tendían a exaltarse y expresarse sin medir las consecuencias. Por lo tanto, quizás en tu trabajo como líder, cuando alguna situación te desborda o algo te disgusta tiendes a encolerizarte y enojarte con tus colaboradores sin medir los efectos de tus palabras, lo cual te trae consecuencias negativas. O bien que en tu familia la expresión de la alegría brillaba por su ausencia; así que como líder tal vez te cueste motivar y entusiasmar a tus empleados, o bien celebrar eventos que los conecten con la alegría. Nada es por casualidad. A lo largo de nuestro crecimiento podemos ir desarrollando ciertos bloqueos en cuanto a conectarnos y expresar alguna de estas cinco emociones, lo cual puede traernos diversas complicaciones de salud, estados emocionales tóxicos y conflictos en nuestras relaciones.

Muchos líderes manifiestan dificultades en su manera de tratar y gestionar climas emocionales propicios para trabajar debido a que les cuesta manejar ciertas emociones propias, y por ende repercute en sus vínculos con sus colegas, superiores y empleados. A lo largo de este capítulo veremos en detalle cada una de las cinco emociones auténticas, cómo se manifiestan en nuestra vida personal y profesional, cómo nos afecta cuando estamos bloqueados y qué podemos hacer para gestionarlas adecuadamente.

- **En resumen.** La inteligencia emocional de un líder implica reconocer estas cinco emociones auténticas, permitiéndose expresarlas de forma apropiada a fin de llegar a un estado de bienestar y madurez que le permita establecer vínculos equilibrados con quienes trabaja.
  Las cinco emociones auténticas son:
  1. Alegría-placer
  2. Miedo
  3. Rabia
  4. Tristeza
  5. Afecto

Primera emoción auténtica.
La alegría-placer en nuestra vida personal y profesional

La alegría es aquella emoción que experimentamos frente a situaciones que nos generan placer. Cuando sentimos alegría-placer podemos reírnos y sentirnos más "livianos" y motivados para llevar adelante nuestra vida. Tan solo recuerda aquellas situaciones de tu vida personal que te generan alegría y placer, ¿cómo han impactado en tu bienestar y ganas de vivir? Cuando nos conectamos con la alegría y el placer nos sentimos más a gusto con nuestra vida.

En cuanto a lo profesional, un líder precisa conectarse con la alegría y el placer porque le promueven un estado de bienestar, confianza y optimismo que transmite a sus colaboradores. Esto también es aplicable a la cultura organizacional de la empresa. Alentar festejos y celebraciones, ya sea por cuestiones personales de quienes trabajan en ella (cumpleaños, casamientos, etc.) como por el logro de metas fijadas, ayuda a incrementar la motivación, entusiasmo y cohesión de los empleados. Sin embargo, sucede que a veces un líder puede manifestar dificultades para conectarse y expresar de forma adecuada su alegría. Quizás haya crecido en una familia con escasa conexión con esta emoción, o bien este líder esté tan estresado que siente pocas ganas de reír y sentir placer. Y como nada es casual, esta misma persona escoge trabajar en una empresa cuyos líderes principales destinan escasa atención a la alegría. No digo que sea algo malo ni incorrecto, pero sí limitador, ya que se ha comprobado que liderar y promover en conexión con el placer fomenta mejores niveles de desempeño sostenibles en el tiempo. Por eso, asumir una actitud proactiva en relación con el placer-alegría, nos ayuda a predisponernos en un estado emocional de mayor fortaleza, optimismo y motivación en relación con nuestro trabajo.

- **Reflexiona**. ¿Qué haces en tu vida personal y profesional para conectarte con la alegría? ¿Estimulas un clima de trabajo con mayor conexión con el placer?

En el siguiente cuadro podemos identificar la emoción de la alegría-placer, y qué sucede cuando el líder se conecta con ella adecuadamente, así como también las consecuencias en el liderazgo cuando existen bloqueos emocionales que impiden manifestarla.

Emoción auténtica	Qué sucede cuando el líder se conecta adecuadamente con la alegría-placer	Qué sucede cuando el líder tiene bloqueos con la alegría-placer
Alegría-placer *Emoción auténtica que surge cuando estamos experimentando situaciones que nos son agradables.*	*En cuanto a lo anímico - salud* • *Experimenta mayor optimismo, motivación y ganas de trabajar.* • *Tiene una actitud accesible y atractiva para los demás.* • *Aumenta sus defensas. inmunológicas y siente mayor placer para vivir y trabajar.* *En cuanto al liderazgo* • *Promueve un clima laboral más placentero que aumenta la motivación de su equipo.* • *Ayuda a generar en su grupo situaciones donde pueden relajarse y divertirse más, lo cual afianza los lazos laborales y potencia la productividad.* • *Ayuda a transmitir y comunicar desde una actitud de mayor entusiasmo y energía, lo cual inspira a su equipo a lograr las metas.*	*En cuanto a lo anímico - salud* • *Puede tener tendencia a deprimirse y angustiarse fácilmente.* • *Tiende a experimentar pesimismo, aburrimiento y poca vitalidad.* *En cuanto al liderazgo* • *Puede perjudicar el clima de trabajo, ya que se muestra serio y solemne.* • *Puede evitar celebraciones (cumpleaños, festejos de logros), lo cual debilita el clima emocional del equipo y disminuye el compromiso.* • *No contagia entusiasmo ni vitalidad, por ende, tiene poco poder de motivación en su equipo.* • *Puede actuar de manera maniaca y excesivamente alegre, generando un clima positivo ficticio y forzado en su equipo, lo que sería contraproducente.*

- **Reflexiona**. ¿Manifiestas dificultades para conectarte con la alegría-placer en tu vida personal y/o profesional? ¿Cómo se ve afectado tu liderazgo y el clima de trabajo? ¿Cómo se manifiesta esta emoción en la empresa en que trabajas?

Segunda emoción auténtica.
El miedo en nuestra vida personal y profesional

El miedo es la emoción auténtica que surge cuando una situación puede resultarnos peligrosa y riesgosa. Es una emoción necesaria e importante porque nos ayuda a preservarnos y actuar de manera prudente, ya que si no la sintiésemos cometeríamos actos temerarios que pondrían en riesgo nuestra vida y la de otros. Imagínate un líder que no reconociera sus miedos... podría asumir riesgos demasiado grandes que resultarían en un perjuicio para sí mismo y para su equipo y empresa. En ese sentido, el miedo es una emoción que puede hasta salvarnos la vida. Por el contrario, el no conectar con el miedo puede conducirnos a la destrucción. Sin embargo, también el miedo es una oportunidad de atrevernos a realizar cosas que normalmente no habríamos hecho o que no estábamos acostumbrados a hacer. Por ejemplo, puede que en tu trabajo como líder tengas miedo a hablar en público. Si te preparas adecuadamente y practicas, a lo largo del tiempo aprenderás a manejar ese tipo de situaciones y sentirás mayor confianza y seguridad para enfrentarlas. Por lo tanto, muchas veces el miedo nos muestra que ante determinadas circunstancias necesitamos desarrollar otros recursos; solo es conveniente prepararnos mejor. Apenas eso. Reconocer que sentimos miedo ante una situación de nuestra vida personal o profesional es un acto de madurez que refleja un adecuado nivel de inteligencia emocional. Recuerdo las veces que, como expositor de Vistage, una de las organizaciones más importantes de CEOs y gerentes de Argentina, me convocaban para dictar charlas sobre calidad de vida. Al principio me despertaba cierto temor hablar de emociones auténticas ante un grupo de empresarios pues pensaba que sería una temática que no despertaría interés en ellos puesto que no se relacionaba con finanzas ni con producción. Entonces utilizaba mi temor como acicate para prepararme mejor y dictar una charla que fuera atractiva; fue de mucha ayuda en mi rol profesional.

A veces existe la creencia distorsionada que un verdadero líder no debe sentir miedo de llevar adelante lo necesario para cumplir sus objetivos laborales. Se trata de una creencia poco realista. Actuar de forma adulta significa reconocer cuándo una situación nos genera temor y reflexionar qué podemos hacer al respecto. También es adecuado compartir nuestros temores con otras personas para sentirnos apoyados, contenidos y empoderados. Al respecto, resulta útil traer a colación el relato de la mitología griega acerca de Fobos, el dios del miedo (de ahí proviene el término fobia), de quien se decía que con su mirada era capaz de inspirar terror en el corazón de los guerreros más valientes. Según el relato mitológico, Fobos era hijo de Ares, dios de la guerra, y de Afrodita, diosa del amor. Muchas veces en nuestra vida podemos sentirnos paralizados por causa de Fobos. Sin embargo, de esta historia podemos aprender que para afrontar nuestros miedos y no permanecer paralizados precisamos conectarnos con la energía guerrera de Ares y el afecto de Afrodita. Traducido en acciones concretas: si como líder estás bajo los efectos de Fobos y te encuentras atemorizado por una situación de tu trabajo, sería conveniente que procures desarrollar mayor coraje y valor, al mismo tiempo que vincularte con personas en quienes puedas confiar y abrirte emocionalmente. No se trata de que te conviertas en un héroe solitario, sino en alguien que construya redes de apoyo con las que puedas compartir tus miedos para poder gestionarlos apropiadamente.

- **Reflexiona**. ¿Qué situaciones en tu vida personal y profesional te generan miedo? Cuando experimentas miedo, ¿qué actitud tomas: tiendes a evitar, huir o enfrentas la situación atemorizante? ¿Procuras desarrollar en tu persona mayores recursos que aumenten tu coraje y fuerza? ¿Te permites buscar la ayuda y contención de personas en las que confías? ¿Cómo es percibido el miedo en tu empresa?

En el siguiente cuadro se analiza la emoción del miedo y qué sucede cuando el líder se conecta con él de forma adecuada, así como también las consecuencias cuando existen bloqueos emocionales y sus efectos en el liderazgo.

Emoción auténtica	Qué sucede cuando el líder se conecta adecuadamente con el miedo	Qué sucede cuando el líder se bloquea y no siente ni comparte su miedo
Miedo Emoción auténtica que surge cuando estamos ante situaciones que nos resultan amenazantes y riesgosas.	*A nivel anímico-salud* • Es más consciente de los riesgos de una situación, y por ende ser más cuidadoso con su persona. • Se vuelve una persona más consciente y prudente. • Tiene mayor madurez, y eso le permite manejar mejor sus miedos en vez de permanecer paralizado. • Le permite prepararse mejor para afrontar el riesgo. *A nivel liderazgo* • Permite al líder tomar conciencia de posibles riesgos y tomar decisiones más racionales y beneficiosas para la empresa. • Puede manejar mejor sus miedos y los de sus colaboradores, ayudándolos para que avancen. • Permite al líder concientizar sus miedos y enfrentarlos adecuadamente, lo cual lo vuelve más valiente y potente en su trabajo.	*A nivel anímico-salud* • Puede permanecer inmovilizado ante sus miedos, y manifestar fobias y ataques de pánico. • Aumenta sus niveles de ansiedad y tensiones. • Puede volverse una persona más temeraria y no tener los cuidados apropiados. O bien asustarse de manera desproporcionada ante cualquier estímulo. *A nivel liderazgo* • Puede asumir riesgos sin medir las consecuencias para sí mismo, su equipo y empresa. • Reprime sus miedos y tampoco acepta los de sus colaboradores. • Permanece en una zona de confort muy acotada por temor a avanzar en pos de los objetivos. • Puede mostrarse demasiado arriesgado o, por el contrario, muy tímido en su manera de liderar.

- **Reflexiona**. ¿Sientes dificultades para reconocer tus miedos en tu trabajo? ¿Qué haces para abordarlos de forma adulta? ¿Qué impacto tienen tus miedos en tu manera de liderar?

Tercera emoción auténtica.
La rabia en nuestra vida personal y profesional

La rabia es aquella emoción auténtica que surge cuando estamos frente a situaciones que percibimos injustas hacia nosotros y hacia los demás. Es una emoción que bien utilizada nos permite defendernos, colocar límites adecuados y comunicar lo que nos molesta de manera firme y clara. Sin la expresión adecuada de la rabia permaneceríamos en un estado de impotencia, frustración que puede llegar a enfermarnos. La función de la rabia, si se la gestiona apropiadamente, es la de hacernos respetar en nuestra vida personal y profesional, ayudándonos a generar vínculos justos y equilibrados. A menudo podemos experimentar situaciones que percibimos como injustas, tanto en lo personal como en lo profesional, y es necesario expresar lo que pensamos, ya que de otra manera estaríamos acumulando estrés.

Una persona manifiesta un buen nivel de inteligencia emocional cuando expresa su rabia frente a situaciones que considera perjudiciales para ella, y lo hace de manera adulta, clara y firme. Un líder actúa de forma adulta frente a situaciones laborales que percibe injustas o con las cuales no concuerda cuando se muestra capaz de comunicar su molestia y desacuerdo, colocando límites de manera enérgica. Sin embargo, evidencia un escaso grado de inteligencia emocional cuando frente a situaciones que percibe injustas, elige callarse y soportarlo con una actitud pasiva y sumisa, o por el contrario explotar de manera descontrolada, lo que podrá generar agresiones y violencia contra él mismo y los demás. Por lo general, cuando alguien permanece durante cierto tiempo reteniendo su rabia sin expresarla de forma adecuada puede llegar a tener problemas de salud y ver su desempeño laboral seriamente perjudicado.

- **Reflexiona.** ¿Qué situaciones en tu vida personal y profesional te generan rabia? Cuando sientes rabia, ¿qué haces para manejarla adecuadamente? ¿Cómo crees que afecta tu liderazgo? ¿Cómo suele ser gestionada la rabia en tu empresa?

En el siguiente cuadro podemos observar la emoción de rabia, y qué sucede cuando el líder se conecta con ella de forma apropiada, así como también las consecuencias que surgen cuando existen bloqueos emocionales y sus efectos en el liderazgo.

Emoción auténtica	Qué sucede cuando el líder se conecta adecuadamente con el miedo	Qué sucede cuando el líder se bloquea y no expresa la rabia
Rabia *Emoción auténtica que surge cuando estamos ante situaciones que consideramos injustas hacia nosotros y los demás.*	*A nivel anímico-salud* • *Aumenta su sensación de autoestima y poder personal ya que se siente capaz de comunicar lo que piensa y siente de forma adulta.* • *Experimenta mayor vitalidad y mejora su salud al comunicar lo que siente en vez de guardárselo.* • *Puede descargar mejor su distrés y aumentar su sensación de bienestar.*	*A nivel anímico-salud* • *Acumula rencor hasta enfermarse.* • *Intoxica su vida emocionalmente con sentimientos de odio, dolor y resentimiento.* • *Se vuelve una persona iracunda, agresiva y violenta.* • *Puede ocultar su rabia con depresión y ataques de pánico.* • *Puede afectar a sus relaciones de pareja, convirtiéndose en un maltratador o en una víctima de una persona agresiva.*

Emoción auténtica	Qué sucede cuando el líder se conecta y expresa adecuadamente la rabia	Qué sucede cuando el líder se bloquea y no expresa la rabia
Rabia (Continuación)	*A nivel liderazgo* • *Se muestra capaz de expresar asertivamente lo que piensa y siente a las personas con las que trabaja, lo cual genera vínculos más equilibrados.* • *Puede defender sus derechos y hacerse respetar como líder frente a los demás.* • *Puede colocar límites claros y firmes frente a situaciones que perciba injustas en su espacio de trabajo.* • *Lo ayuda a expresar adecuadamente las tensiones y molestias en su rol de líder, lo cual le permite no acumularlas y, por ende, evitar problemas de salud por causa del estrés.* • *Se vuelve consciente de la causa de su rabia y de cómo puede abordarlos de manera adulta y productiva.*	*A nivel liderazgo* • *Se vuelve un líder con mal manejo de la ira, pudiendo actuar de manera agresiva y autoritaria con sus colaboradores.* • *Puede convertirse en un líder sumiso y resentido que evita actuar de manera ordenada y firme porque teme el rechazo y desaprobación de los demás.* • *Puede acumular resentimiento y enojo hasta que explota o implosiona, con síntomas psicosomáticos (cuadros gastrointestinales, cardiopatías, etc.).* • *Manifiesta impaciencia, irritabilidad y tendencia a enojarse cuando los demás no piensan como él.* • *Se vuelve competitivo, desafiante y transgresor de los límites, generando problemas con sus jefes.*

- **Reflexiona**. ¿Manifiestas dificultad para reconocer y manejar apropiadamente tu rabia ante determinadas situaciones de tu trabajo? ¿Qué consecuencias te trae el manejo que haces de tu rabia? ¿Qué haces para dar un cauce adecuado a tu rabia en tu trabajo, sin agredir pero tampoco sin adoptar una posición sumisa?

Cuarta emoción auténtica.
La tristeza en nuestra vida personal y profesional

La tristeza es la emoción auténtica que surge cuando estamos frente a una situación dolorosa que puede incluir desde la pérdida de un ser querido o de un sueño largamente anhelado. La función de la tristeza es permitir conectarnos con el dolor, procesarlo y aceptar las pérdidas más importantes. Conectarnos de forma adecuada con la tristeza nos permite profundizar nuestra vida, reconociendo el dolor y llorándolo, si fuera necesario, con la finalidad de liberarnos de él y poder proseguir más aliviados. La tristeza es una emoción necesaria cuando muere un ser querido, una mascota, cuando hay una separación de pareja o alguna situación en el trabajo que nos duela. El acto corporal de llorar nos permite distender nuestro cuerpo y respirar de manera más profunda, lo que es muy saludable.

En el ámbito empresarial, la tristeza en un líder suele tener mala reputación porque es considerada un signo de fragilidad y debilidad. Por lo general, suele creerse que un líder debe mostrar fuerza y determinación en la empresa, ya que si manifestase tristeza su entorno podría aprovecharse de su decaimiento, lo cual le jugaría en su contra. Es cierto que existen contextos laborales donde esto puede suceder, pero si la persona persiste en reprimir su tristeza fuera del trabajo, estaría limitando su potencial para superar el dolor. Por ello, déjame decirte que si bien mostrar tristeza en el ámbito laboral puede ser contraproducente, por otro lado, cuando en determinados momentos un líder se anima a compartir su tristeza con sus colaboradores, genera sentimientos de calidez, empatía y cercanía hacia él. Los líderes que promueven equipos de trabajo comprometidos y con lazos emocionales sólidos entre sus miembros, cuando sienten dolor y tristeza acostumbran a compartirlo, ya que sienten que pueden hacerlo sin quedar expuestos a malas interpretaciones; y esa actitud será bien recibida por su grupo. Esta muestra de emoción auténtica solo aportará mayor confianza en el grupo, cuyos miembros comprenderán que abrirse emocionalmente es seguro y afianza la cohesión del grupo.

- **Reflexiona.** ¿Qué situaciones en tu vida personal y profesional te generan tristeza? Cuando experimentas tristeza, ¿te permites expresarla y compartirla? ¿Cómo crees que afecta a tu imagen y eficacia como líder?

En el siguiente cuadro podemos observar la emoción de la tristeza y qué sucede cuando el líder se conecta con ella y la expresa de forma adecuada, así como también las consecuencias cuando existen bloqueos emocionales y sus efectos en el liderazgo.

Emoción auténtica	Qué sucede cuando el líder se conecta y expresa adecuadamente la tristeza	Qué sucede cuando el líder se bloquea y no expresa tristeza
Tristeza Emoción auténtica que surge cuando pasamos por situaciones que nos generan dolor, o pérdidas de seres queridos.	*A nivel anímico-salud* • *Aumenta su capacidad de madurez y aceptación frente a las pérdidas.* • *Puede procesar su dolor y seguir adelante en un estado emocional de mayor entereza e integridad.* • *Permite que aborde su vida desde una actitud más adulta, equilibrada y relajada, liberándose del malestar y el dolor.* *A nivel liderazgo* • *Genera mayor confianza en sus colaboradores, lo cual afianza el clima emocional de su equipo.*	• *A nivel anímico-salud* • *Puede acumular tristeza que, al no expresarla, deviene en depresión.* • *Se mantiene en un estado de tristeza que le impide conectarse con optimismo y vitalidad para crear y trabajar.* • *La persona puede quedar bloqueada por la tristeza y no hacer el duelo necesario ante la pérdida.* *A nivel liderazgo* • *Puede ocultar su tristeza con una máscara de alegría, que le impide generar vínculos emocionales sólidos con sus colaboradores.*

Emoción auténtica	Qué sucede cuando el líder se conecta y expresa adecuadamente la tristeza	Qué sucede cuando el líder se bloquea y no expresa tristeza
	• *Promueve un clima de aceptación emocional en su equipo, que repercute favorablemente en el bienestar y productividad de los demás.* • *Se vuelve un líder más humano, cálido y amable, lo que ayuda mucho a generar vínculos gratificantes y cooperativos con sus colaboradores y colegas.*	• *Permanece con parte de su energía vital paralizada e incapaz de liderar.* • *Pone en evidencia su dificultad para aceptar y procesar pérdidas, restándole madurez y equilibrio como líder.*

- **Reflexiona.** ¿Manifiestas dificultades para reconocer y compartir de forma adecuada la tristeza en tu vida personal y profesional? ¿Por qué? ¿Qué consecuencias te genera en tu liderazgo tu manera de expresar tu tristeza? ¿Cómo crees que es percibida la tristeza en tu ámbito laboral?

Quinta emoción auténtica.
El afecto en nuestra vida personal y profesional

Es aquella emoción auténtica que surge cuando sentimos una corriente cálida de cariño hacia alguien o algo. El afecto sirve para dar y recibir caricias, lo cual ayuda a cargar nuestra batería biológica-psicológica. También, a través del intercambio del afecto podemos mantener vínculos humanos cercanos tanto en las relaciones de pareja, familia y amistad como en las laborales. Conectarnos e intercambiar adecuadamente el afecto permite que generemos vínculos amorosos gratificantes y equilibrados con las personas con las que interactuamos. Un líder con un adecuado nivel de inteligencia emocional manifiesta capacidad para dar y recibir afecto de diversas maneras: puede brindar reconocimiento, un abrazo, una palmada amistosa, una sonrisa, cualquier tipo de gesto amable, e interesarse genuinamente por otras personas y colaboradores. Un líder que es capaz de sentir afecto y compartirlo de forma equilibrada promueve respeto, aprecio y hasta cariño en el vínculo con sus empleados. Asimismo, sus empleados pueden sentirse a gusto con este líder y crear un compromiso mayor en su trabajo con él. Mientras que si tuviésemos ciertos bloqueos emocionales que nos impidieran conectarnos con el afecto y brindarlo adecuadamente, careceríamos de capacidad para construir equipos sólidos y emocionalmente unidos. Cabe aclarar que gestionar de forma apropiada el afecto en tu trabajo significa estar dispuesto a generar vínculos cercanos y empáticos con quienes trabajas, así como exteriorizar gestos amables que pongan en evidencia el aprecio y estima que sientes por ellos y por su desempeño. Un verdadero líder hace hincapié en el uso responsable del afecto y procura demostrar su estima con quienes trabajan con él por considerar que es importante crear una atmósfera emocional adecuada para trabajar y crecer juntos.

Lo mismo puede observarse con respecto a una organización mediante un enfoque sistémico. Existen instituciones, empresas o sectores de ellas donde se percibe una calidez afectiva que promueve el bienestar y confort de quienes trabajan allí; mientras que en otras salta a la vista el ambiente de frialdad e indiferencia. No se trata de un análisis esotérico, sino de cuán presente se halla el afecto en la manera de trabajar de esa empresa en su conjunto. Y, por supuesto, si sus referentes principales están gestionando el afecto de forma adecuada.

- **Reflexiona**. ¿Experimentas dificultades para demostrar tu afecto y estima a tus seres queridos? Como líder, ¿acostumbras a gestionar el afecto apropiadamente? ¿Qué clase de consecuencias provoca en tu trabajo? ¿Tu empresa alienta la expresión del reconocimiento y afecto a sus empleados?

En el siguiente cuadro podemos observar una breve explicación de la emoción del afecto y qué sucede cuando el líder la expresa adecuadamente, y también las consecuencias que surgen cuando hay bloqueos emocionales en el liderazgo.

Emoción auténtica	Qué sucede cuando el líder se conecta y expresa adecuadamente el afecto	Qué sucede cuando el líder se bloquea y no expresa afecto
Afecto *Emoción auténtica que surge cuando sentimos estima emocional hacia alguien o algo. Nos permite intercambiar amor con los demás.*	*A nivel anímico-salud* • *Aumenta su capacidad de amar y de sentirse más pleno y feliz.* • *Se vuelve una persona más saludable.* • *Aumenta su capacidad de relajarse frente al estrés y sentirse más apoyado y contenido, lo cual potencia su salud y bienestar.* *A nivel liderazgo* • *Se vuelve un líder más querido y estimado por sus colaboradores, lo que promueve mayor compromiso del equipo y aumenta su capacidad de producción.* • *Genera vínculos humanos más profundos y cercanos entre los miembros del equipo, lo cual afianza el trabajo grupal.* • *Ayuda a que a los demás se sientan reconocidos y a gusto con el trabajo.* • *Promueve un espíritu de equipo sólido y unido frente al estrés laboral.*	*A nivel anímico-salud* • *Puede permanecer en un estado de soledad y carencia afectiva que lo lleve a la depresión.* • *Queda más expuesto al estrés laboral, pudiendo enfermarse con mayor frecuencia.* • *Puede incurrir en diversas adicciones para compensar su falta de afecto.* *A nivel liderazgo* • *Se vuelve un líder poco eficiente para generar climas emocionales adecuados de trabajo.* • *Puede tornarse un líder adicto al trabajo para compensar la falta de afecto en su vida personal.* • *Puede irse al otro extremo y actuar con exceso de afecto, sobreprotegiendo a sus colaboradores y cargándose de responsabilidades para obtener afecto de ellos.*

- **Reflexiona**. ¿Tienes dificultades para conectarte y compartir adecuadamente el afecto en tu vida profesional? ¿Por qué?

Cómo gestionar adecuadamente nuestras emociones auténticas en el liderazgo

Hasta aquí hemos ahondado en cada una de las cinco emociones auténticas y su manifestación tanto positiva como negativa en el ejercicio del liderazgo. La inteligencia emocional requiere que podamos establecer una adecuada gestión de cada una de las cinco emociones auténticas mientras lideramos.

En el siguiente cuadro veremos algunos recursos que un líder puede desarrollar para mejorar la gestión de dichas emociones en de su trabajo:

Emoción auténtica	Recursos para gestionarla eficazmente en nuestro rol de líder
Alegría-placer	• *Realizar breves celebraciones para festejar cumpleaños, bautismos, logros del equipo, etc.* • *Celebrar fiestas y eventos formales de la empresa.* • *Hacer actividades grupales informales que sean divertidas y placenteras (salidas fuera del horario del trabajo, etc.).*
Miedo	• *Tener encuentros individuales con los colaboradores para que puedan manifestar sus sentimientos, sus temores y qué apoyo precisan del líder para avanzar en las metas fijadas.* • *Reconocer los propios miedos y temores relacionados con el liderazgo y compartirlos con personas de confianza.*
Rabia	• *Comunicar de forma asertiva: practicar la comunicación de manera clara, firme y respetuosa, exponer las pautas que el líder desea que se respeten en el funcionamiento del grupo. Hacer reuniones semanales para ir chequeando y reforzando este mensaje.* • *Practicar alguna actividad deportiva que ayude a conectarse con la fuerza interior y, a su vez, descargar tensiones y rabia acumulada.* • *Promover un clima equilibrado y justo para los empleados, sin favoritismos.*

Tristeza	• Acudir a un espacio fuera del trabajo donde el líder pueda compartir sus sentimientos de tristeza y vulnerabilidad (psicoterapia, coaching, terapia grupal) para obtener apoyo y contención. • Propiciar reuniones de equipo donde cada miembro tenga cinco minutos para contar cómo se siente. En ese marco, el resto debe escuchar y preguntar a la persona qué necesita en ese momento.
Afecto	• Practicar el reconocimiento y felicitar al colaborador cuando haya realizado bien algún trabajo. • Interesarnos por los demás, mediante la formulación de preguntas que reflejen un interés genuino por su mundo personal. • Mirar a los ojos a los demás y decirles una palabra o expresar un gesto amable acompañado de una sonrisa.

- **Reflexiona.** ¿Con cuál de las cinco emociones crees que precisas conectar y desarrollar para mejorar tu liderazgo? ¿Qué recursos puedes incorporar para potenciar tu liderazgo emocional? ¿Cómo puedes contribuir a que tu organización gestione mejor estas cinco emociones?

Sugerencias para gestionar tus emociones como líder

➢ **Reconoce tu relación con las cinco emociones auténticas.** En el siguiente cuadro podrás reflexionar sobre cada una de las cinco emociones auténticas (afecto, miedo, alegría-placer, rabia y tristeza), cómo es tu relación con ellas y de qué manera eso afecta tu manera de liderar. Observa primero el ejemplo a continuación, a modo de referencia:

Emoción auténtica	Describe tu relación con la emoción	Cómo afecta a tu liderazgo
1) Alegría-placer	Tengo dificultades en conectarme con el placer en mi vida profesional.	Me cuesta promover celebraciones con mi equipo de trabajo y eso afecta al clima de trabajo.
2) Miedo	Siento miedo de no poder dirigir un equipo de 10 personas de manera adecuada.	Tengo poca confianza en mi capacidad como líder y eso me quita iniciativa y confianza para liderar.

A continuación, completa el siguiente cuadro:

Emoción auténtica	Describe tu relación con la emoción	Cómo afecta a tu liderazgo
1) Alegría-placer		
2) Miedo		
3) Rabia		
4) Tristeza		
5) Afecto		

> ➢ **Gestiona adecuadamente tus cinco emociones auténticas.** En el siguiente cuadro completa la columna "¿Cómo puedes gestionar mejor esta emoción en tu trabajo?". Procura colocar dos recursos o acciones concretas que podrían ayudar a mejorar tu gestión emocional en tu trabajo. Ayúdate con el siguiente ejemplo:

Emoción auténtica	¿Cómo puedes gestionar mejor esta emoción en tu trabajo?
1) Alegría-placer	Comenzar a celebrar los cumpleaños de mis colaboradores con un pequeño festejo o brindis. Hacer pausas activas con mi equipo para distender el clima, como juntarnos a tomar café y contar chistes.
2) Miedo	Hacer una lista de los temores que siento, relacionados con mi liderazgo, para tener mayor conciencia de mis miedos. Pedir ayuda y compartir mis miedos con líderes por los que sienta aprecio y respeto.

> ➢ Completa el siguiente cuadro colocando dos acciones concretas que estás dispuesto/a a llevar a cabo para mejorar tu gestión emocional como líder:

Emoción auténtica	¿Cómo puedes gestionar mejor esta emoción en tu trabajo?
1) Alegría-placer	
2) Miedo	
3) Rabia	
4) Tristeza	
5) Afecto	

CAPÍTULO 6

Los siete pecados capitales
que arruinan la gestión de un líder

Alberto, un importante empresario de transporte, solicitó mis servicios a través de su gerente de RRHH para ayudarlo en su empresa familiar de 70 empleados. Su problema era que tenía actitudes y conductas de liderazgo inadecuadas, como agresividad y falta de reconocimiento a los demás, lo que era fuente de reclamos y quejas persistentes por parte de clientes y empleados de su misma empresa. Aunque parezca extraño, Alberto era un hombre tosco y acostumbrado a ordenar, pero al mismo tiempo estaba dándose cuenta de que esas actitudes lo estaban complicando. El último mes, un ataque cardíaco en medio de su jornada laboral, después de haber discutido con un gerente, le mostró que había algo errado en lo que estaba haciendo. Entonces, cuando comenzamos a trabajar juntos le presenté una lista con los siete posibles pecados capitales o actitudes dañinas en el liderazgo, preguntándole qué sentía en relación con cada uno de ellos. Alberto pudo reconocer que su manera de liderar por momentos era prepotente y autoritaria, pero a fin de cuentas era la que le había permitido crecer y desarrollar una empresa próspera en un mercado muy difícil. Procedí a explicarle que si bien de esa forma había conseguido resultados económicos, también le generaba un costo emocional y de salud muy elevado, así como una escasa satisfacción y productividad de su personal. Por eso, iniciamos un proceso de consultoría para que aprendiese a reconocer sus actitudes inadecuadas y desarrollase otras más apropiadas. También sostuvimos reuniones con sus cuatro gerentes a fin de promover un equipo que mantuviese estos cambios en sus áreas y que los transmitieran a sus líderes principales. Luego realizamos acciones más concretas que abarcasen a todo su personal. Con el tiempo (unos cuatro meses), Alberto comenzó a cambiar sus modos de dirigirse a los demás, con una favorable repercusión en toda su empresa.

¿Cuáles son las actitudes y conductas que pueden arruinar tu gestión como líder? ¿Has estado en contacto con algún jefe cuyas actitudes te han causado malestar y estrés? Una persona que ocupa un rol de liderazgo, precisa desarrollar ciertas competencias emocionales que le permitan hacerlo de manera eficiente y equilibrada. También es muy importante que el líder adopte una disposición reflexiva y receptiva que le permita observar si tiene actitudes inadecuadas para su trabajo. De hecho, cuando un líder no desea observar ni reflexionar al respecto, decimos que está sujeto a una postura rígida, cerrada y soberbia, que le impide mejorar su desempeño y trato con los demás. Muchos líderes que ocupan posiciones muy importantes, y no tanto, dentro de una empresa se niegan a encarar un entrenamiento en inteligencia emocional porque consideran que su manera de liderar es acertada. Quizás esto pueda deberse a que han obtenido logros en sus empresas que lo avalan, o bien simplemente por ignorancia o soberbia. Tal vez no sea ilógico pensar que estás haciendo bien las cosas como líder, pero si las personas que diriges no se sienten cómodas, se quejan o manifiestan tener limitada su iniciativa, son señales que deberías tener en cuenta. Al respecto resultan muy interesantes las investigaciones llevadas a cabo por Daniel Goleman en miles de empresas en todo el mundo de donde obtiene conclusiones como la siguiente:

(...) Un estudio de la Gallup Organization sobre dos millones de empleados de 700 empresas reveló que el tiempo que un empleado permanece en una empresa y su productividad estarán determinados por

su relación con su supervisor inmediato (Zipkin, 2000) (...) No obstante, el 40% de los que calificaron a sus jefes a la baja afirmó que probablemente se despedirían. En otras palabras, los trabajadores con buenos jefes se muestran cuatro veces menos inclinados a despedirse que aquellos que padecen malos jefes (Zipkin, 2000).[16]

Los pecados capitales constituyen siete maneras altamente negativas e inadecuadas de actuar en el liderazgo que pueden generar consecuencias muy nocivas en la vida profesional. También podemos encontrar alguno de estos pecados en la cultura organizacional de la empresa y en sus maneras de abordar conflictos; incluso en países cuyos líderes promueven principios de enfrentamiento y sumisión. Un líder que desee progresar en su empresa, precisa conocer estos siete pecados capitales a fin de estar atento y evitar que estos se manifiesten, perpetúen y dañen su gestión profesional. Sobre todo en los CEOs y gerentes que detentan mayor poder y responsabilidad resulta muy valioso alentar a que la empresa en su conjunto conozca cuáles son las pautas de conducta inadecuadas y que perjudican el bienestar de sus empleados. Por eso, cabe aclarar que todos podemos incurrir en alguno de estos siete pecados capitales, pero el desafío consiste en poder reconocerlos y hacer algo para revertirlos. Los siete pecados capitales en el liderazgo emocional son:

1. Autoritarismo-reactividad
2. Inmadurez
3. Pasividad
4. Frialdad emocional
5. Salvador
6. Gestión ineficaz de las caricias
7. Soberbia

---

16 Goleman, D. y Cherniss, C.: *Inteligencia emocional en el trabajo. Op. cit.*

Incurrir en un pecado capital del liderazgo puede disparar múltiples efectos nocivos en tu empresa. De hecho, es posible que un jefe con rasgos de personalidad tóxicos genere la deserción de sus empleados, como asevera el siguiente ejemplo:

> (...) En un estudio realizado con trabajadores de setecientas empresas, la mayoría aseguró que un jefe atento les parecía más importante que la nómina que cobraban. Ese dato presenta implicaciones laborales que van más allá de que la gente esté a gusto. En la misma investigación se demostró que si a un empleado le cae bien su jefe se fomentan claramente tanto la productividad como el tiempo de permanencia en el puesto de trabajo. Ante la pregunta de si aceptaría tener un jefe tóxico a cambio de un buen sueldo, la gente responde que no (...) a no ser que la cantidad fuera tan elevada que permitiera ahorrar suficiente dinero para luego mandarlo a freír espárragos y despedirse sin la más mínima preocupación (...). [17]

En este capítulo exploraremos cada uno de estos siete pecados capitales que un líder puede cometer y el impacto negativo que genera en su trabajo. La propuesta de este capítulo es que lo leas atentamente y te permitas revisar tus actitudes y conductas a fin de tomar conciencia de aquello que puedes estar realizando de manera inadecuada y los efectos que causas. No se trata de culparte, mortificarte o desvalorizarte, sino de revisar con humildad y chequear cuál de estos pecados puedes estar cometiendo para poder revertirlo y mejorar las condiciones de trabajo. Solo como aclaración importante: todos los que ocupamos posiciones de liderazgo, tanto dentro como fuera de una empresa, estamos expuestos a cometer algún tipo de pecado capital. Errar es humano y concientizarlo y trabajarlo constituye un enorme mérito que trae innumerables satisfacciones a la vida de un líder. Para más profundidad acerca de este tema, te invito a ver una

---

17 Goleman, D.: *Liderazgo. Op. cit.*

conferencia que he dictado para cien líderes de una de las empresas de salud más importante de Argentina: https:// www.youtube.com/watch?v=FvcyXdT5KoY&t=14s

Test

El siguiente está diseñado para revisar si estás cometiendo alguno de los siete pecados capitales en tu liderazgo. Procura contestar en forma sincera y objetiva

1 = POCAS VECES   2 = ALGUNAS VECES   3 = MUCHAS VECES

Conductas y actitudes relacionadas con los siete pecados capitales en el liderazgo	1	2	3
1. Como líder puedo actuar de manera un tanto agresiva, tajante y autoritaria, lo que a veces me trae conflictos con los demás.			
2. Me cuesta asumir mis errores y escuchar opiniones o críticas constructivas relacionadas con mi trabajo.			
3. Tengo dificultades en abordar aquellas tareas complicadas o que no me gustan, lo que me lleva a procrastinarlas (postergar).			
4. No me es fácil generar vínculos cálidos y afectivos con quienes trabajo, por lo que pueden percibirme como un jefe distante, frío y poco afectuoso.			
5. Acostumbro a cargarme a mis espaldas los problemas de los demás hasta el punto quedar extenuado o enfermarme de estrés y ansiedad.			
6. Me cuesta felicitar, reconocer y agradecer a los demás cuando han hecho un buen trabajo o algo de importancia para la empresa.			
7. Cómo líder me resulta un tanto difícil escuchar y tomar sugerencias de los demás, ya que tiendo a considerar que mi opinión es la más acertada.			
8. Me cuesta actuar con iniciativa y empuje en mi papel de líder.			
9. Me resulta difícil intercambiar opiniones con mis empleados y escuchar sus puntos de vista.			
Total de respuestas			

Puntajes

Si la mayoría de las respuestas es 1, *estás manifestando un adecuado liderazgo emocional que te lleva a controlar la irrupción de ciertos pecados capitales que podrían arruinar tu gestión. Felicitaciones. Continúa por este camino de mayor conciencia y bienestar.*

Si la mayoría de las respuestas es 2, puedes estar teniendo algunas dificultades para detectar y manejar los pecados capitales que cometes mientras lideras. Al parecer necesitas asumir un mayor compromiso en trabajar los ítems que has marcado con el puntaje 1.

Si la mayoría de las respuestas es 3, significa que tienes dificultades para manejar los siete pecados capitales en tu liderazgo, lo cual puede ocasionarte tensión, conflictos y problemas en tu trabajo. Sería importante que practicaras las sugerencias propuestas al final de este capítulo.

Primer pecado capital: autoritarismo-reactividad

Este primer pecado alude a la actitud que el líder puede tener frente a sus empleados cuando ejerce el poder de manera autoritaria, controladora y arbitraria, sin mostrarse receptivo a los demás. Este pecado capital suele ser manifestado por algunos presidentes de compañías multinacionales. El rasgo de la reactividad consiste en que la persona, en su rol de líder, reacciona en vez de reflexionar. Es decir, que le cuesta escuchar, procesar y reflexionar, y tiende a actuar de forma impulsiva. Un líder actúa reactivamente cuando acostumbra a reaccionar como un niño ante determinados estímulos. Por ejemplo, hay líderes que cada vez que sus empleados les hacen algún planteo suelen enojarse y evitan sentarse a dialogar con ellos y chequear las opciones para una mejor solución. A lo largo de los años que llevo trabajando con líderes de empresas, con frecuencia he escuchado que a veces es necesario actuar de manera autoritaria y firme. Esta creencia subyace en las conductas de algunos CEOs y gerentes convencidos de que con mano dura y firme es posible corregir las desviaciones. Cuando indago más sobre esta creencia, a menudo encuentro que en realidad el líder se refiere a la importancia de actuar de manera firme y segura en determinados momentos de su trabajo, que no es lo mismo que desempeñarse de forma autoritaria. Por lo tanto, suele confundirse la firmeza en la conducción con el autoritarismo, creando así un malentendido que afecta al rendimiento del

líder. Liderar de manera autoritaria produce efectos muy negativos, aun cuando se logre alcanzar ciertas metas.

En el siguiente cuadro puedes observar algunas actitudes y conductas que un líder puede manifestar cuando
incurre en el pecado capital del autoritarismo y reactividad, y las consecuencias negativas que traen aparejadas a
su liderazgo.

Actitudes y conductas que forman parte del autoritarismo-reactividad	Impacto negativo que ejerce en el liderazgo
Reactivo	El líder reacciona y se enoja ante las críticas u opiniones diferentes de lo que él piensa, le cuesta reflexionar y aceptar la diversidad de los demás. El resultado es que genera temor en sus empleados y anula el deseo de cooperar y hacer aportes en el trabajo.
Agresivo	El líder actúa de manera prepotente en su forma de comunicarse o comportarse, lo cual puede intimidar a sus empleados y generar conflictos significativos.
Controlador	El líder puede asumir una actitud controladora y muy exigente, creando un clima de tensión y falta de relajación en sus colaboradores. Puede así promover renuncias y boicots por parte de sus empleados.
Da feedbacks de manera inadecuada	El líder da devoluciones y trata a sus empleados de manera sarcástica, irónica y desmoralizadora, lo que afecta la autoestima de sus empleados. Esta actitud puede ser causa de demandas legales por maltrato laboral.

- **Reflexiona.** ¿En qué momentos manifiestas alguna de
las actitudes de este primer pecado capital en tu trabajo?
¿Qué consecuencias ves en tu trabajo? ¿Cómo puede manifestarse este primer pecado en tu organización?

Segundo pecado capital: inmadurez

Este segundo pecado capital alude a la actitud infantil que
un líder puede asumir frente a los desafíos y exigencias de

su trabajo. El adjetivo de inmadurez acostumbra a utilizarse cuando un adulto actúa de manera poco responsable, como si tuviese menos edad de la que realmente tiene. En el caso de un líder se espera que su conducta sea la de una persona responsable que se hace cargo de su rol, errores y dificultades, lo cual le permite y habilita a liderar a otras personas y ayudarlas a desempeñarse de forma adecuada dentro de una empresa. Cuando el líder muestra actitudes inmaduras puede significar que tiene dificultades para comportarse como un adulto responsable. De hecho, puede actuar como un adolescente que evita hacerse responsable de su rol y equipo, y generar así múltiples inconvenientes. Lo mismo puede observarse en la dinámica de una empresa cuando sostiene patrones de conducta en los que sus principales referentes tienen actitudes poco adultas y responsables, y envían un mensaje confuso a sus empleados y clientes.

En el siguiente cuadro se muestran algunas actitudes y conductas que un líder puede manifestar si incurre en el pecado capital de inmadurez, y las consecuencias negativas que tienen en su liderazgo.

Actitudes y conductas que forman parte de la inmadurez	Impacto que ejerce en el liderazgo
Falta de autocrítica.	• *El líder manifiesta escasa autocrítica, lo que le impide reflexionar y evolucionar. Esto le resta eficiencia y promueve el descontento en sus empleados.*
Falta de presencia en su rol de líder.	• *El líder no asume su rol, dejando que sus colaboradores actúen como quieran. Esta ausencia de liderazgo deja a la deriva a su equipo, sin orden, lo que puede promover perjuicios de diversa índole.*
No asume responsabilidad por sus errores ni las dificultades de su equipo.	• *El líder se niega a asumir las dificultades de su equipo. Por lo tanto, no existe un conductor adulto ni responsable al frente de la tarea. Sus empleados se desmotivan porque sienten que no hay un capitán que conduzca el barco.*

Actúa como un adolescente rebelde sin orden ni disciplina.	• El líder se comporta como un niño caprichoso y transgresor, rebelándose contra ciertas reglas necesarias para un buen funcionamiento laboral.
No escucha ni sigue los consejos de personas sabias que han llegado antes que él a la empresa.	• El líder se muestra renuente a escuchar y aplicar sugerencias y consejos de personas con mayor conocimiento y experiencia, lo que pone en evidencia su postura limitada e infantil.

- **Reflexiona**. ¿En qué momentos manifiestas alguna de las actitudes de este segundo pecado capital en tu trabajo? ¿Qué consecuencias te generan en tu trabajo? En tu organización, ¿en qué momentos y situaciones surge este pecado capital?

Tercer pecado capital: pasividad

Este pecado capital alude a la actitud indiferente y poco comprometida del líder para actuar con decisión y firmeza en pos de los objetivos de su empresa y equipo. Un líder actúa de manera pasiva cuando desperdicia su tiempo hablando sobre lo que hay que hacer en vez de concretarlo. Este desinterés puede llevarlo a postergar asuntos que requieren ser abordados en la empresa, o bien no toma la iniciativa para llevar adelante ciertas tareas. También puede manifestarse en la falta de decisión y actitud proactiva, por lo que su capacidad de concretar y cumplir objetivos se ve significativamente limitada. Por otro lado, cuando un líder comete este pecado capital suele despertar poco respeto y aprecio en sus empleados, quienes pueden percibirlo como alguien con poco poder personal, lo cual le resta autoridad ante ellos.

En el siguiente cuadro pueden observarse algunas actitudes y conductas que un líder puede manifestar al incurrir en el pecado capital de la pasividad, y las consecuencias negativas que traen aparejadas a su liderazgo.

Actitudes y conductas que forman parte de la pasividad	Impacto que ejerce en el liderazgo
Procrastinación.	• *El líder tiene el hábito de postergar asuntos importantes y con ello provocar la acumulación de tareas. Esto le causa estrés y malestar tanto a él como a su equipo.*
Falta de iniciativa.	• *El líder demuestra contar con poco empuje para iniciar procesos que impliquen mejoras para su empresa. Esto puede llevarlo a ser despedido.*
Incongruencia.	• *El líder expresa su deseo de llevar adelante ciertas acciones positivas para la empresa pero no las acompaña con acciones, o bien hace todo lo contrario, generando desconcierto y desconfianza en los demás.*
Falta de decisión.	• *El líder manifiesta poca capacidad para tomar decisiones y actuar de manera firme y directa, por ende sus empleados no confían en su capacidad de trabajo.*
Falta de proactividad.	• *El líder muestra tener escasa capacidad para actuar y concretar lo que se propone, lo cual le resta autoridad, respeto y eficiencia en su rol.*
Pereza.	• *El líder no quiere trabajar a conciencia porque no le gusta esforzarse. Esto perjudica el rendimiento de su empresa.*

- **Reflexiona**. ¿En qué momentos o situaciones manifiestas alguna de las actitudes de este tercer pecado capital en tu trabajo? ¿Qué consecuencias te generan en tu trabajo? En tu organización, ¿cuál es el peso de este pecado capital?

Cuarto pecado capital: frialdad emocional

Este cuarto pecado capital alude al predominio de una actitud fría y distante en el trato con los demás. El líder evidencia falta de calidez hacia su trabajo y hacia las personas con las que trabaja, lo que lo deja en un estado de aislamiento y escaso contacto emocional con los demás. Muchos líderes excesivamente enfocados en la productividad y el cumplimiento de las tareas suelen descuidar el factor humano en su equipo. El problema de esta actitud es que se parte de la premisa errada de que una persona debe comportarse como una "máquina eficiente" y cumplir con sus tareas cualesquiera sean sus sentimientos. Me gusta denominar a este patrón de conducta como el "paradigma del ejecutivo *full time*" ya que es el resultado de una visión centrada en exceso en el trabajo y la producción a costa del factor humano. De hecho, cuando se ejerce un liderazgo con esta óptica, a mediano plazo los empleados pueden presentar un alto nivel de estrés que culmina en enfermedades psicosomáticas y quejas que trasladan al sector de recursos humanos de la empresa. Por lo tanto, un líder que manifiesta frialdad emocional termina ahuyentando a sus empleados y generando un clima "helado" y poco agradable para trabajar. La frialdad emocional es un pecado que puede conducir al líder a enfocarse en sus metas sin importarle si sacrifica sus valores personales y el bienestar de sus empleados.

También podemos, mediante un enfoque sistémico, encontrar empresas que son lugares poco cálidos para trabajar, mientras que en otras fluye una afectuosa energía y sensación de mayor comodidad. Esto podemos observarlo al analizar diversos factores, tales como la arquitectura de la empresa, su mobiliario, los colores de sus espacios y la conducta de sus líderes y empleados, entre sí y con sus clientes. Es bastante probable que en las empresas cuya cultura organizacional concede escasa atención a la calidad de las relaciones humanas, las personas se muestren más serias, solemnes y distantes, lo que promueve el rechazo de los clientes actuales y potenciales.

En el siguiente cuadro puede observarse algunas actitudes y conductas presentes en un líder que incurre en el pecado capital de la frialdad emocional, y las consecuencias negativas en su liderazgo.

Actitudes y conductas que forman parte de la frialdad emocional	Impacto que ejerce en el liderazgo
No demuestra interés en conectarse con sus empleados.	• *El líder manifiesta escasa o ninguna disposición para escuchar las necesidades y deseos emocionales de los demás. Entonces, no genera aprecio ni afecto en su equipo.*
Frío y distante.	• *El líder se mantiene alejado y huraño. No genera vínculos emocionales con su equipo y eso lo deja muy solitario.*
Escasa integridad moral.	• *El líder manifiesta poco apego a los valores morales, lo cual puede darle mala fama y escasa credibilidad ante los demás.*
Psicópata.	• *El líder se empeña en cumplir sus metas sin importarle los medios que utilice, se convierte así en una persona temida y detestada por sus empleados.*

- **Reflexiona.** ¿En qué momentos manifiestas alguna de las actitudes de este cuarto pecado capital en tu trabajo? ¿Qué consecuencias generan en tu trabajo? ¿En qué situaciones tu empresa manifiesta este pecado capital?

Quinto pecado capital: salvador

Este pecado capital se refiere a la actitud en la que el líder asume una conducta de salvador, superhéroe o gran padre-madre que tiende a sobrecargarse con las dificultades y responsabilidades de sus colaboradores, en vez de delegarles adecuadamente las tareas. El líder que comete este pecado capital experimenta sentimientos de inseguridad que procura compensar buscando agradar a los demás para así obtener su aprobación. Esto lo lleva a actuar de manera poco firme y asertiva, por lo que tiende a evitar comunicarse con los demás de forma clara y ordenada. Muchos líderes incurren en este pecado capital, con lo cual dificultan el armado de equipos eficientes y equilibrados. El problema es que finalmente pueden terminar saturados de distrés y llegar a sufrir problemas de salud. A su vez, cuando una empresa alienta este tipo de conductas en sus líderes se coloca en unos pocos la responsabilidad del resto, generándose un perjuicio significativo en el rendimiento de sus empleados por la falta de confianza en ellos, y por lo tanto no se les delega tareas de forma adecuada. El grueso de la responsabilidad queda bajo la órbita del líder, quien paga las consecuencias nocivas en su salud y bienestar por el exceso.

En el siguiente cuadro se observan algunas actitudes y conductas que un líder puede manifestar como salvador y las consecuencias negativas que traen aparejadas a su liderazgo.

Actitudes y conductas del líder salvador	Impacto que ejerce en el liderazgo
Sobreprotector.	• *El líder tiende a sobreproteger a sus empleados como si fuesen niños, quitándoles la posibilidad de que actúen de manera adulta y responsable.*
Se sobrecarga.	• *El líder tiende a cargarse en exceso de responsabilidades sin delegar adecuadamente. Esto puede llevarlo a enfermarse a causa del estrés.*
Necesidad de aprobación.	• *El líder procura ser aceptado a toda costa por sus empleados y colegas. Por eso evita colocar límites a los demás de manera firme y clara. Esto puede dejarlo expuesto a los caprichos y deseos de ellos, restándole autoridad.*
Descalifica a los demás.	• *El líder tiende a percibir a los demás como "pobrecitos" a los cuales debe rescatar o ayudarlos, lo cual impide un relacionamiento laboral equilibrado con ellos.*
No delega.	• *El líder se carga de responsabilidades y no delega en sus empleados, lo cual le resta eficiencia.*

- **Reflexiona**. ¿En qué momentos manifiestas alguna de las actitudes de este quinto pecado capital en tu trabajo? ¿Qué consecuencias generan en tu trabajo? ¿En qué situaciones se manifiesta este pecado en tu organización?

Sexto pecado capital: gestión ineficaz de las caricias laborales

Este pecado capital se refiere a la administración inadecuada de las caricias o estímulos sociales que realiza un líder para hacer saber a sus colaboradores que son apreciados y respetados. El término "caricia" alude a un estímulo que emitimos como reconocimiento de la existencia de otra persona. Las caricias son fundamentales para cargar nuestra batería psicofísica y sentirnos queridos y apreciados. En nuestra vida personal precisamos llenarnos de cariño e intercambiar gestos de afecto con las personas que queremos (familia, pareja, amigos, etc.), lo que contribuye enormemente a que sintamos bienestar y ganas de vivir. Una persona que se siente querida y apreciada por sus seres queridos dispone de una fuente de fortaleza y apoyo para crecer en su vida. Por el contrario, si no nos sentimos amados, podemos manifestar cierta disposición para deprimirnos, enfermarnos y cometer actos destructivos hacia nosotros y hacia los demás. En nuestro trabajo, aunque se nos pague un sueldo económico por nuestro trabajo, existe también un "sueldo emocional" que es tanto o más importante, porque es el que materializa el reconocimiento y aprecio, y el que nos hace sentir parte de la empresa y aumenta nuestra motivación y deseo de permanecer. Un líder gestiona de forma eficaz las caricias cuando se muestra capaz de reconocer los logros de sus colaboradores, haciéndoles saber que lo que hacen es importante para el funcionamiento de la empresa. Para ello, puede apelar a la expresión de felicitaciones, agradecimiento y elogios. Por el contrario, un líder gestiona ineficazmente las caricias cuando no suele felicitar, reconocer los logros de los demás ni ayudar a crecer a sus empleados. Un líder que comete este pecado puede incitar a que sus empleados renuncien o procuren cambiar de jefe, ya que todos precisamos cierta clase de caricia profesional que nos diga que existimos y que lo que hacemos es de alguna manera importante para la empresa.

En el siguiente cuadro puede observarse algunas actitudes y conductas que un líder puede manifestar cuando gestiona ineficazmente las caricias, y las consecuencias negativas que traen aparejadas a su liderazgo.

Actitudes y conductas de una gestión inadecuada de las caricias	Impacto que ejerce en el liderazgo
No reconoce los logros de sus colaboradores.	• *El líder escasamente reconoce los esfuerzos, ideas y logros de alguno de sus empleados, por ende estos se sienten poco estimados y desmotivados para trabajar.*
Brinda feedback inadecuado.	• *El líder brinda devoluciones enfocadas en los errores sin reconocer aspectos positivos en el desempeño de los demás. Por eso, sus empleados sienten que solo se ven sus errores y no sus aciertos, lo que los desmotiva.*
No ayuda al crecimiento de sus empleados.	• *El líder muestra poco interés en el desarrollo y crecimiento de sus colaboradores. Ello genera apatía y sensación de soledad.*
Brinda caricias negativas e inadecuadas.	• *El líder escasamente expresa gestos amables y sus actitudes son frías, críticas o exigentes, lo que termina por desmoralizar a sus colaboradores.*

• **Reflexiona.** ¿En qué momentos tienes alguna de las actitudes de este sexto pecado capital en tu trabajo? ¿Qué consecuencias generan en tu trabajo? ¿En qué situaciones es tu organización la que manifiesta este pecado?

Séptimo pecado capital: la soberbia

Este séptimo pecado capital se reconoce cuando el líder actúa de manera arrogante, con exceso de ego y narcisismo, y le cuesta admitir el valor de quienes lo rodean. El pecado capital de la soberbia se manifiesta cuando el líder cree que su manera de pensar y actuar es especial, única e inmejorable. Aunque parezca gracioso, son muchas las personas que tienden a comportarse con soberbia dentro de una organización, ya sea que ocupen puestos relevantes o no. Tan solo observa a los líderes de algunos países que creen que su verdad es única e inamovible y verás el rechazo y enojo que despiertan en millones de sus ciudadanos. Imagina esto mismo en tu trabajo, una empresa o sector de ella, cuando un jefe considera que sus ideas son las más originales e innovadoras y entonces no escuchan ni se abren al intercambio de opiniones con los demás. De hecho, este pecado puede llevarlo a cometer errores forzados que podrían evitarse si escuchase más a quienes lo rodean. Y sin contar con el rechazo que pueden causar en sus empleados, quienes pueden percibirlo como una persona egocéntrica, arrogante yególatra.

En el siguiente cuadro pueden observarse algunas actitudes y conductas que un líder puede tener cuando actúa dominado por la soberbia, y las consecuencias negativas que traen aparejadas a su liderazgo.

Actitudes y conductas del pecado de soberbia	Impacto que ejerce en el liderazgo
Exceso de ego.	• *El líder se cree el mejor o alguien demasiado competente, por lo que puede llegar a no escuchar ni valorar el aporte de los demás.*
Narcicismo.	• *El líder está demasiado centrado en su persona y en lo "especial e inteligente" que es, entonces no registra las capacidades ni los aportes de sus colaboradores, lo cual lo deja aislado y rechazado.*
Egocentrismo.	• *El líder muestra poco interés en estimular el desarrollo y crecimiento de sus colaboradores porque está absorbido por su propio ego. Esto genera rechazo por parte de sus empleados.*
Síndrome del rey.	• *El líder se considera un rey cuyo reino se compone de vasallos, en vez de empleados, que deben obedecerlo y venerarlo; de otra manera no le sirven. Claro que esto puede generar el rechazo y enojo de los demás.*

- **Reflexiona**. ¿En qué momentos manifiestas alguna de las actitudes de este séptimo pecado capital en tu trabajo? ¿Qué consecuencias tienen en tu trabajo? ¿En qué situaciones se expresa este pecado en tu organización?

- **En resumen**. Reconocer los siete pecados capitales que podemos cometer en nuestro liderazgo nos vuelve más sabios, nos permite revertir la situación y, por ende, optimizar nuestra manera de liderar. Esto trae mayor bienestar a toda nuestra empresa, convirtiéndonos en líderes más equilibrados. Lo mismo ocurre con el conjunto de nuestra empresa. Revisar la dinámica de nuestra organización y estar atentos a sus pecados capitales constituye un primer paso elemental para convertir a la empresa en un lugar más agradable y equilibrado.

Sugerencias para reconocer y transformar los pecados capitales en tu liderazgo

> **Reconoce los pecados capitales en tu liderazgo**. Observa el siguiente cuadro y completa al lado de cada pecado capital, si es que reconoces que practicas alguno de ellos en tu gestión como líder. Puedes usar como referencia el siguiente ejemplo hipotético.

Pecados capitales en el liderazgo	¿Tienes actitudes y conductas propias de este pecado en tu liderazgo? Si es así, ¿qué estás dispuesto a hacer para evitar este pecado?
1) Autoritarismo-reactividad	A veces actúo de manera agresiva con mis empleados y eso genera un clima tenso. Estoy dispuesto a reducir mi agresividad y tener una actitud más receptiva con ellos.
2) Inmadurez	Me cuesta hacer una autocrítica de mis dificultades, por lo que pierdo oportunidades para crecer profesionalmente. Estoy dispuesto a reunirme con mi jefe y pedir su opinión sobre mis dificultades como líder.

A continuación, completa la segunda columna del cuadro, si estás manifestando dicho pecado capital en el ejercicio de tu liderazgo.

Pecados capitales en el liderazgo	¿Tienes actitudes y conductas propias de este pecado en tu liderazgo? ¿Qué estás dispuesto a hacer para evitar este pecado?
1) Autoritarismo-reactividad.	
2) Inmadurez.	
3) Pasividad.	
4) Frialdad emocional.	
5) Salvador.	
6) Gestión ineficaz de las caricias.	
7) Soberbia.	

CAPÍTULO 7

Las siete habilidades emocionales del líder altamente efectivo

Federico era un joven de 30 años que trabajaba dentro de la empresa familiar junto a su padre y su tío. La compañía estaba teniendo un muy buen año y todo parecía funcionar muy bien. Sin embargo, Federico sentía que no había lugar para él dentro de la empresa ya que tanto su padre como su tío tenían personalidades avasallantes y dominadoras que a duras penas le concedían espacio para llevar adelante sus proyectos. Federico se sentía disminuido y ello se reflejaba en su liderazgo con unas veinte personas, en donde sentía que no era respetado. Federico me había convocado para que le brindara sesiones de psicocoaching en su empresa. Entonces, tuvimos que trabajar en dos planos paralelos: por un lado en su autoimagen, que todavía era la de un niño que pedía la aprobación y permiso a su padre, y por otro en el desarrollo de ciertas habilidades que le permitiesen liderar de manera más efectiva. Federico debía comenzar a mirarse como un adulto con capacidad para crecer y afrontar sus desafíos, y a la vez entrenar competencias que mejorasen su rendimiento profesional. Por ello, el proceso tardó unos cuatro meses. El objetivo era ayudarlo a cambiar de mentalidad y aceptar que debía ganarse su puesto en la empresa, más allá de que fuera el hijo del presidente y aún a costa de ciertos conflictos con su padre. Al mismo tiempo nos enfocamos en desarrollar ciertas habilidades emocionales de liderazgo, trabajándolas con role playing. *Federico era una persona comprometida, y con el tiempo comenzó manifestar cambios positivos. Para reforzar estas nuevas habilidades emocionales, desde el inicio del proceso procuré conectar a Federico con dos gerentes de la edad de su padre, quienes eran generosos y estaban dispuestos a guiarlo y apoyarlo en sus cambios. De esta manera Federico contaría con apoyo interno en la empresa por parte de dos líderes experimentados.*

¿Cuáles son las habilidades emocionales que consideras que precisas desarrollar para liderar de manera óptima y efectiva? A tu juicio, ¿cuáles son las habilidades emocionales que distinguen a un líder eficaz? Las siete habilidades de la inteligencia emocional son las actitudes y conductas que un líder precisa tener en cuenta y manifestar en su manera de liderar a fin de lograr vínculos equilibrados, gratificantes y productivos con quienes trabaja. También, estas siete habilidades le permiten conjugar la eficiencia, competencia y actitud adecuada para trabajar y generar un clima emocional adecuado que promueva el bienestar de todos. En este capítulo examinaremos cada una de estas siete habilidades de la inteligencia emocional y cómo impactan en la calidad del liderazgo.

Las siete habilidades de la inteligencia emocional para un liderazgo altamente efectivo son:

1. Gestionar equipos y climas de trabajo equilibrados.
2. Gestionar adecuadamente las caricias laborales.
3. Escuchar activamente e interesarnos por el otro.
4. Asertividad.
5. Manejo eficaz del tiempo.
6. Proactividad congruente (entre lo que pienso, digo y hago).
7. Humildad / madurez.

Como venimos detallando en los capítulos anteriores, es indispensable que un líder cuente con un buen nivel de inteligencia emocional que pueda garantizarle excelentes resultados en su gestión profesional. Resulta muy interesante el siguiente dato:

> (...) Los jefes eficaces también son capaces de manejar sus propias emociones, con el resultado de que los empleados confían en ellos y se sienten bien al trabajar a su lado. En pocas palabras, los jefes cuyos empleados se quedan son aquellos que dirigen con inteligencia emocional.[18]

18 Goleman, D. y Cherniss, C.: *Inteligencia emocional en el trabajo. Op. cit.*

Desarrollar y entrenar cada una de estas siete habilidades de la inteligencia emocional puede ayudarnos a liderar y obtener muy buenos resultados tanto a nivel productivo como humano. A continuación exploraremos en detalle de dichas habilidades.

Test

El siguiente está diseñado para revisar si estás utilizando las siete habilidades emocionales del líder altamente efectivo. Procura contestar en forma sincera y objetiva

1 = POCAS VECES   2 = ALGUNAS VECES   3 = MUCHAS VECES

Conductas y actitudes relacionadas con las siete habilidades emocionales del líder	1	2	3
1. Suelo gestionar mi liderazgo en un clima agradable de trabajo donde mis empleados se sienten cómodos y a gusto para trabajar.			
2. Me gusta gestionar un trabajo en equipo en el que todos puedan opinar, aportar y comprometerse con sus tareas, lo cual me funciona bien.			
3. Cuando mis empleados llevan adelante una tarea de forma adecuada me gusta felicitarlos para que sepan que valoro sus aportes.			
4. Acostumbro a escuchar a los demás e interesarme por ellos, lo cual me ayuda en mi liderazgo.			
5. Me considero un líder con capacidad para marcar límites y generar un espacio de trabajo donde haya respeto y un orden amigable con los demás.			
6. Me considero una persona organizada y metódica en la manera de manejar el tiempo, lo cual me permite optimizar mis tareas como líder.			
7. Como líder acostumbro a ser congruente entre lo que digo y lo que hago, lo cual me genera el respeto y reconocimiento de los demás.			
8. Me considero un líder con empuje e iniciativa para encarar desafíos, proyectos y resolver los problemas que puedan surgir.			
9. Considero importante trabajar en una organización que manifieste cuidado y buen trato hacia sus empleados.			
Total de respuestas			

Puntajes

Si la mayoría de las respuestas es 1, estás teniendo dificultades para manifestar y ejercer las siete habilidades emocionales de un líder altamente efectivo. Esto puede traerte estrés, ausencia de resultados en tu gestión y conflictos con tus empleados. Comienza a poner en práctica lo que leas en este capítulo.

Si la mayoría de las respuestas es 2, puedes estar manifestando algunas dificultades para reconocer y ejercer algunas de las siete habilidades emocionales para optimizar tu liderazgo. Sería conveniente que asumieras un mayor compromiso con los ítems que has marcado con el puntaje 1.

Si la mayoría de las respuestas es 3, estás manifestando que utilizas gran parte de las siete habilidades emocionales de un líder altamente efectivo, lo cual puede traerte satisfacciones, placer y buenos resultados. Felicitaciones. Continúa por este camino de mayor inteligencia emocional como líder.

Primera habilidad emocional: gestionar equipos y climas de trabajo equilibrados

Esta habilidad se refiere a la capacidad para construir equipos de trabajo que resulten cooperativos y productivos. Para ello resulta indispensable, y es condición básica, generar un clima de trabajo ameno y agradable, de manera que todos los miembros de nuestro equipo o sector, incluyéndonos, nos sintamos a gusto y motivados para producir, interactuar y trabajar. La habilidad de gestionar equipos de trabajo equilibrados resulta fundamental para que las personas con quienes trabajamos se sientan cómodas y puedan dar lo mejor de sí mismas en colaboración e intercambio con otras. Muchos líderes enfocados en exceso en la productividad tienden a dejar de lado este aspecto, asumiendo erróneamente que crear una atmósfera amena puede perjudicar el ritmo laboral. Nada más desacertado. Según los resultados de cientos de estudios de investigación realizados en empresas en todo el mundo, la productividad y el rendimiento laboral se optimiza cuando el trabajador se siente a gusto en el espacio donde trabaja, y eso incluye las características y pautas de trabajo. Entonces, un líder muestra un buen nivel de esta primera habilidad emocional cuando se ocupa de alcanzar las metas cuidando de generar una dinámica de respeto, calidez y apertura con quienes trabaja. A su vez, el armado artesanal de su grupo de trabajo es fundamental para optimizar el rendimiento general. Es necesario destinar un tiempo semanal para dar forma al conjunto de personas que trabajan a su cargo, con la finalidad de que se constituya un verdadero equipo.

La diferencia entre conjunto y equipo es abismal, y tiene una relevancia vital pues puede determinar el éxito o el fracaso del líder. En principio, un líder dirige un conjunto de personas en el inicio de su tarea, cuando comienza un trabajo nuevo o cuando es trasladado a un nuevo sector. El conjunto es simplemente una agrupación de empleados que todavía no han establecido lazos de cooperación entre sí para lograr uno o más objetivos. En tanto que un equipo de trabajo está constituido por un grupo de personas que se alinean detrás de determinados objetivos y generan vínculos sinérgicos, productivos y cooperativos para amalgamarse y lograr lo que se han propuesto. Un equipo requiere de la presencia de un líder que lo guíe durante el proceso de construcción gradual de este conjunto de personas para llevarlas a su estado de equipo. Para ello precisa realizar reuniones formales e informales donde se intercambie información, sensaciones y se conozca cómo se siente cada persona. Eso permite que los integrantes se conozcan, se cree un entorno de confianza y se intercambien ideas. A su vez, para generar un clima de trabajo ameno y agradable, pueden utilizarse en el espacio laboral ciertos elementos recreativos que contribuyan a que las personas se relajen, diviertan y entretengan por un momento, tales como mesas de ping-pong, videojuegos (*Play Station*), libros y revistas, etc. Claro que la introducción de estos elementos debe estudiarse detenidamente para comprobar su conveniencia. También la gestión eficaz del clima laboral de un equipo de trabajo puede incluir la celebración de eventos que ayuden a que los empleados se conozcan más desde un aspecto humano, más allá de lo estrictamente laboral.

En el siguiente cuadro podemos contemplar las conductas que forman parte del repertorio de esta habilidad emocional.

Actitudes y conductas de la habilidad de gestionar equipos y climas de trabajo equilibrados	Impacto que ejerce en el liderazgo
Generar encuentros regulares de equipo o individuales dentro de la empresa.	• *El líder convoca encuentros con quienes trabaja a fin de saber cómo se sienten y cómo puede ayudarlos a mejorar su desempeño. Esto potencia notablemente el compromiso y rendimiento laboral de los empleados, por sentirse acompañados.*
Hacer reuniones de trabajo con una dinámica de intercambio clara y disciplinada.	• *El líder genera reuniones de trabajo con su equipo para que todos puedan intercambiar información, delegar tareas y aunar criterios para lograr las metas propuestas. Esto contribuye a generar un espacio de intercambio, donde todos pueden contribuir y alinearse con mayor efectividad como equipo.*
Introducir elementos y actividades recreativas.	• *El líder introduce elementos recreativos (metegol, mesa de ping-pong, etc.), que contribuyen a que los empleados se diviertan para retornar al trabajo más eustresados.*
Festejar eventos significativos de los empleados.	• *El líder genera una dinámica grupal en la que se celebran acontecimientos importantes para los empleados (cumpleaños, bautismos de hijos, etc.). Esto ayuda a cohesionar emocionalmente al grupo entre sí y con la empresa.*
Generar pausas recreativas.	• *El líder introduce pausas de 10 a 15 minutos durante la jornada laboral para que sus miembros se estiren, entretengan y tengan recreos mentales. Esto oxigena el cerebro, disminuye el estrés y genera un mejor clima de trabajo.*

• **Reflexiona**. ¿Cuál de estas conductas te gustaría incorporar para gestionar un mejor equipo con un clima laboral más ameno y agradable? ¿Qué precisas para comenzar a implementarlo? ¿Cuán presente se encuentra esta habilidad en la dinámica de tu organización?

Segunda habilidad emocional: gestionar adecuadamente las caricias laborales

Esta segunda habilidad se refiere a la capacidad del líder de brindar caricias laborales adecuadas y positivas que contribuyan al bienestar y rendimiento de los demás. Dentro del repertorio de esta habilidad se encuentra el saber reconocer los talentos, esfuerzos y habilidades de los empleados y valorarlos por ello. También incluye la capacidad de motivar e inspirar a los demás a través de palabras amables y que den poder, que potencien la confianza personal. Los líderes que gestionan adecuadamente las caricias laborales consiguen que sus empleados se sientan más compenetrados con el trabajo y quieran dar lo mejor de sí mismos. En esencia, la gestión eficaz de las caricias comprende el buen trato al otro de manera que se sienta reconocido, valorado y apreciado. Engloba la actitud que el líder manifiesta hacia los demás, su manera de comunicarse desde lo humano. Esta gestión puede concretarse mediante gestos, miradas, palabras, inclusive abrazos si es que existe la suficiente confianza. Según mi experiencia, cuando un líder manifiesta esta habilidad suele conseguir muy buenos resultados con sus equipos. Al respecto resulta fascinante el aporte que brindan los "diálogos apreciativos", un método grupal de desarrollo y cambio organizacional creado originalmente en el Departamento de Comportamiento Organizacional de la Weatherhead School of Management de Case Western Reserve University (CASE). Los "diálogos apreciativos" ofrecen un nuevo marco en la gestión organizacional, pues cambian la visión tradicional de búsqueda e identificación de deficiencias. Dichos diálogos consisten en conversar con el otro enfocándose en apreciar las fortalezas y recursos que él posea. Cuando un líder emplea esta técnica de manera adecuada y genuina puede lograr que sus empleados den lo mejor de sí mismos ya que está orientado a ayudarlos a que sean conscientes de sus propios recursos, lo que les permite aumentar los niveles de confianza y poder personal. Esta manera de apreciar al otro y devolverle esa mirada benévola y empoderadora puede crear un impacto increíble en la autoestima de una persona, contribuyendo a que dé lo mejor de sí misma. Al respecto recuerdo cuando mi hijo de cinco años obtuvo su primera graduación en puntas amarillas de taekwondo. Aquel día tuvimos que presenciar con mi esposa durante tres horas cómo niños de diferentes edades rendían examen para poder pasar a un cinturón más alto. Había un niño de diez años que debía romper una madera de una patada. Al inicio no podía hacerlo, pese a que lo había intentado tres veces y comenzaba a angustiarse, hasta que su maestro dijo, frente al numeroso público, que lo importante de este examen no era romper una tabla sino desarrollar la persistencia y fuerza de voluntad en lograr una meta, algo que ese niño estaba demostrando con creces.

En el siguiente cuadro podemos contemplar las conductas que forman parte del repertorio de esta segunda habilidad emocional.

Actitudes y conductas de la habilidad de gestionar adecuadamente las caricias laborales	Impacto que ejerce en el liderazgo
Actitud amable y cálida.	• *El líder manifiesta una actitud amable hacia los demás, haciéndolos sentir que merecen ser bien tratados.*
Felicitar y reconocer lo positivo.	• *El líder valora las actitudes y conductas positivas de sus empleados, reconociéndolas de manera escrita (vía mail) o bien cara a cara, lo cual contribuye a una mayor autoestima. Puede utilizar diálogos apreciativos.*
Agradecer los aportes.	• *El líder agradece a sus empleados por los aportes y gestos de buena voluntad, lo que trae mayor equilibrio y paz en los vínculos laborales.*
Motivar e inspirar.	• *El líder motiva a sus empleados alentándolos a asumir responsabilidades según sus talentos. Esto consigue mayor capacidad de crecimiento profesional.*

- **Reflexiona.** ¿Cuán presente se encuentra esta habilidad en tu organización? ¿Cuál de estas conductas y actitudes te gustaría incorporar para gestionar mejor las caricias laborales? ¿Qué precisas para comenzar a hacerlo?

Tercera habilidad emocional: escuchar activamente e interesarnos por el otro

Esta habilidad se refiere a la capacidad de escuchar de manera receptiva, interesándonos por lo que expresa la otra persona. De todas las competencias emocionales, esta es la que requiere de mayor preparación psicológica para tener una buena conexión con el otro y tender un puente que ayude a generar un vínculo gratificante y cooperativo. Escuchar activamente significa que cuando la otra persona nos habla, y sobre todo cuando se trata de algo personal, la miramos a los ojos, cerramos nuestra boca y dejamos que sus palabras penetren en nuestro ser. O sea, nos abrimos a escucharla. A su vez, demostrar interés implica asumir la iniciativa de formular preguntas sobre cómo se siente, cuáles son sus gustos, deseos y situación personal. Claro que esto debemos hacerlo con una actitud cálida y genuina, no impostada ni inquisitiva, siempre respetando el deseo del otro de abrirse o no. Si un líder manifiesta cierta capacidad de escuchar activamente e interesarse por sus empleados, estos responden de manera muy positiva ya que se sienten reconocidos e importantes, lo que contribuye enormemente a que quieran trabajar junto a su jefe. Sin embargo, una de las mayores quejas en el ámbito empresarial es la escasez de líderes que demuestren receptividad para escuchar a sus empleados. Cabe aclarar que no se trata de que asumas un rol de coach o de psicoterapeuta con tus empleados, sino que en determinados momentos de la jornada laboral, o incluso fuera de ella, asumas una actitud humana y sensible de querer escucharlos e interesarte por ellos.

En el siguiente cuadro podemos contemplar las conductas que forman parte del repertorio de esta tercera habilidad emocional.

Actitudes y conductas de escuchar activamente e interesarnos por el otro	Impacto que ejerce en el liderazgo
Escucha activa.	• *El líder formula preguntas de interés personal y laboral a sus empleados y los escucha atentamente sin interrumpirlos.*
Interés genuino por el otro.	• *El líder demuestra interés real en lo que le sucede a sus empleados. Esto promueve vínculos de mayor confianza.*
Permitir la expresión de las necesidades y deseos del otro.	• *El líder asume una actitud cálida de aceptación ante la expresión del otro, sin juzgarlo. Esto hace que el empleado se sienta cómodo y aceptado.*
Recordar intereses y eventos importantes.	• *El líder recuerda eventos e intereses de sus empleados y pregunta por ellos, en una clara demostración de que desea aproximarse al mundo personal de ellos. Esto despierta afecto y mayor compromiso laboral.*

- **Reflexiona**. ¿Cuán presente se encuentra esta habilidad en tu organización? ¿Cuál de estas conductas y actitudes te gustaría incorporar para manifestar una mejor escucha activa e interés por los demás? ¿Qué precisas para comenzar a implementarlo?

Cuarta habilidad emocional: asertividad

Esta habilidad alude a la capacidad de expresarse de manera clara y firme frente a los demás. Se denomina asertividad a la habilidad de comunicar lo que pensamos y sentimos de manera clara y sincera, sin caer en los extremos de sumisión ni de agresión. Es la que le permite al líder evitar conflictos innecesarios y ejercer su autoridad de manera respetuosa y equilibrada. También, cuando un líder se comunica asertivamente ayuda a delinear las pautas y reglas con las que desea que sus empleados se comporten y trabajen, lo que no deja de ser una ayuda para ordenar y organizar mejor el trabajo. A veces puede suceder que un líder no se conduzca con asertividad, y eso lo lleva a tener que repetir las reglas y lo que desea de sus empleados por no obtener los resultados pretendidos, o bien acumular disgustos y enojos. Comunicarnos asertivamente implica conectarnos con nuestra fuerza interior para comunicar qué queremos lograr, lo que esperamos de la conducta del otro y explicar las reglas a respetar en la dinámica de trabajo. Y todo esto debe acompañarse con cierta expresión corporal, con la mirada y un tono de voz acorde y claro para que el mensaje llegue a destino sin distorsiones. Esta comunicación asertiva puede realizarse de manera presencial o escrita. Y luego viene el proceso de chequear y controlar que lo que hemos expresado como líderes a nuestros empleados sea cumplido y respetado en tiempo. Si así no fuera, corresponderá volver a hablarlo. Quienes ejercen esta habilidad emocional adecuadamente consiguen generar dinámicas de trabajo más equilibradas y eficientes, donde impera el respeto por las pautas de la empresa. También es importante esta habilidad para comunicar al empleado algo que nos esté molestando de su proceder, y lograr que este cambie su conducta.

En el siguiente cuadro podemos contemplar las conductas que forman parte del repertorio de esta cuarta habilidad emocional, así como sus consecuencias.

Actitudes y conductas que componen la asertividad	Impacto que ejerce en el liderazgo
Marcar límites.	• El líder comunica los límites y reglas del espacio de trabajo de manera clara y concisa. Esto aporta claridad a la comunicación con los empleados.
Brindar feedbacks claros.	• Durante el trabajo que están realizando sus empleados, el líder brinda una devolución clara y adecuada para que estos puedan saber qué precisan corregir y qué deben seguir haciendo de la misma manera.

Actitudes y conductas que componen la asertividad	Impacto que ejerce en el liderazgo
Expresarse de manera clara y firme.	• *El líder habla de forma directa, sincera y firme, acompañado de una expresión corporal. Con esto ganará la confianza y el respeto de sus empleados.*
Fijar objetivos claros y chequear su cumplimiento.	• *El líder comunica los objetivos y tareas a cumplir, y establece los plazos para concretarlos. Luego irá chequeando en el tiempo cómo se van cumpliendo las diferentes etapas. Esto cohesiona a sus empleados en pos de los objetivos y aumenta su productividad.*

- **Reflexiona**. ¿Cuán presente se encuentra esta habilidad en la dinámica de tu organización? ¿Cuál de estas conductas y actitudes te gustaría incorporar para mejorar tu asertividad? ¿Qué precisas para comenzar a hacerlo?

Quinta habilidad emocional: manejo eficaz del tiempo

Esta habilidad se refiere a la capacidad del líder para estructurar y organizar su tiempo de modo que pueda lograr los objetivos fijados en el tiempo estipulado. A su vez el manejo eficaz del tiempo involucra la aptitud de establecer fechas para las metas a corto, mediano y largo plazo y sobre esa base planificar y programar un plan de acción general. Esto permitirá que el líder maneje de forma proactiva su tiempo en vez de ser manejado por él. Muchos líderes suelen quejarse de que el tiempo se les escurre entre sus manos y que precisarían días de 48 horas para cumplir con sus cronogramas. De hecho, el manejo ineficaz del tiempo constituye uno de los factores que mayor distrés produce en la empresa. Puede observarse cuando se lleva a las reuniones de equipo un listado de temas pero queda sin tratar aquello que es realmente importante y tiene serias consecuencias para la empresa. También muchas veces el líder confecciona una relación interminable de tareas, pero al hacer una gestión ineficaz del tiempo siempre termina sintiéndose frustrado y enojado. De allí que sea vital aprender a gestionar adecuadamente nuestro tiempo para sacarle el mayor provecho posible y cumplir con los objetivos propuestos. Resulta vital un buen criterio y disciplina en el manejo del tiempo, pues es definitorio para crecer y lograr resultados concretos como líderes, así como aumentar nuestro poder personal.

En el siguiente cuadro podemos observar las conductas que forman parte del repertorio de esta quinta habilidad emocional.

Actitudes y conductas que componen el manejo eficaz del tiempo	Impacto que ejerce en el liderazgo
Utilizar adecuadamente la agenda.	• *El líder utiliza su agenda (en papel u online) para marcar sus compromisos y metas laborales, y luego verifica sus cumplimientos. Así consigue mayor poder personal y autoridad ante los demás.*
Organizar y programar el proceso.	• *El líder organiza un plan de acción para ir cumpliendo de manera ordenada los objetivos fijados. Esto da certidumbre y un rumbo al equipo.*
Manejar eficazmente los tiempos de la vida personal y laboral.	• *El líder organiza adecuadamente sus compromisos personales y profesionales, y los concreta en los tiempos pautados. Genera así mayor confianza en su capacidad para lograr lo que se propone.*
Valorar el tiempo propio y el de los demás.	• *El líder valora su propio tiempo y no permite que nadie se lo malgaste ni se lo haga perder. Además de aprovecharlo al máximo, podrá enfocarse en lo que quiere y debe hacer para avanzar.*
Abordar los temas vitales de su sector, equipo o empresa.	• *El líder dedica su tiempo a resolver y afrontar de manera directa y atenta los asuntos y tareas realmente relevantes, en vez de distraerse con otras cosas. Esto le confiere mayor eficiencia.*

- **Reflexiona.** ¿Cuán presente se encuentra esta habilidad en la dinámica de tu organización? ¿Cuál de estas conductas y actitudes te gustaría incorporar para mejorar tu manejo del tiempo? ¿Qué precisas para comenzar a hacerlo?

Sexta habilidad emocional: proactividad congruente

Esta habilidad alude a la capacidad del líder de tomar decisiones y enfocarse en las acciones para el logro de las metas. Todo CEO y departamento de recursos humanos de una compañía desea que sus líderes asuman una actitud proactiva ya que ello les garantiza ciertos resultados empresariales. La proactividad congruente significa que lo que el líder expresa y comunica luego sea respetado y llevado a la práctica. Por ejemplo, un líder proactivo es quien escucha a sus empleados, les comunica su deseo de generar cambios y luego los plasma en acciones concretas. O incluso los líderes que fijan metas en las reuniones de equipo, trazan un plan de acción y luego llevan adelante los pasos de manera sostenida hasta lograr lo pautado. La congruencia también implica que un líder exprese determinados valores de la empresa y actúe de manera comprometida y coherente con ellos. De hecho, los líderes que actúan de forma proactiva y congruente son los más respetados, admirados y con mayor capacidad para lograr que sus empleados imiten sus conductas eficaces.

En el siguiente cuadro podemos observar las conductas que forman parte del repertorio de esta sexta habilidad emocional.

Actitudes y conductas que componen la proactividad congruente	Impacto que ejerce en el liderazgo
Congruencia.	• *El líder expresa un deseo y objetivo para luego actuar acorde con ello. Esto promueve una imagen de poder personal que inspira a los demás.*

Actitudes y conductas que componen la proactividad congruente	Impacto que ejerce en el liderazgo
Más acción y menos palabras.	• *El líder prefiere la acción a la expresión de palabras. Esto significa que no malgasta su saliva en discursos que no concretará sino que se aboca a la acción.*
Coherencia moral.	• *El líder se comporta de acuerdo con un código de valores morales iguales a los de la cultura de la empresa, lo cual inspira respeto en sus empleados.*
Promueve la acción en los demás.	• *El líder estimula en sus empleados la capacidad de actuar en pos de los objetivos.*

- **Reflexiona**. ¿Cuán presente se encuentra la proactividad y congruencia en tu organización? ¿Cuál de estas conductas y actitudes te gustaría incorporar para mejorar tu proactividad y congruencia? ¿Qué precisas para comenzar a implementarlo?

Séptima habilidad emocional: madurez y humildad

Esta doble habilidad que abarca dos rasg5os de la personalidad se refiere a la capacidad del líder de hacerse responsable de su rol, de las tareas que le competen y de las personas que lidera. También incluye la capacidad de efectuar autocríticas sobre su desempeño, reconociendo los errores propios y mostrando disponibilidad para encararlos con la finalidad de mejorar. La madurez de un líder también se observa en su actitud adulta y comprometida con el trabajo, y cuando se muestra humilde, receptivo y disponible para intercambiar ideas con quienes trabaja. Este grado de madurez le permite generar vínculos equilibrados y respetuosos donde las personas pueden trabajar, crecer y dialogar con criterios racionales y adultos. Los líderes que manifiestan esta habilidad compuesta (madurez y humildad) son percibidos favorablemente por los demás, y de inicio dejan una muy buena impresión. La madurez y humildad permiten que el líder crezca dentro de la empresa de manera equilibrada, reportándole satisfacciones y afecto por parte de quienes interactúan con él. De hecho, esta clase de líderes son los más procurados por los jóvenes para aprender y ser guiados. Por el contrario, cuando el líder muestra inmadurez, se lo percibe como alguien con actitudes infantiles, que genera desconfianza, rechazo, y buscan cambiarlo por otro líder con una actitud más madura y adulta.

En el siguiente cuadro podemos analizar las conductas que forman parte del repertorio de esta séptima habilidad emocional.

Actitudes y conductas que componen la humildad y madurez	Impacto que ejerce en el liderazgo
Asumir responsabilidad.	• *El líder se hace cargo de su tarea, con lo que envía un claro mensaje al resto. Esta señal adulta indica confianza y seguridad, y también busca que sus empleados se conduzcan de la misma manera.*
Hacer autocrítica y aprender de los errores.	• *El líder se muestra capaz de reflexionar y de efectuar una autocrítica a fin de mejorar los errores cometidos. Esto genera un marco de aprendizaje que beneficia a él y a su equipo.*
Manifestar humildad.	• *El líder se muestra humilde y receptivo a las sugerencias, a las críticas constructivas y opiniones de los otros. Esto lo enriquece como persona y profesionalmente.*
Evidenciar deseos de aprender y de crecer.	• *El líder muestra deseos de aprender y de crecer en su rol y en sus tareas, asume la responsabilidad de su crecimiento profesional dentro de la empresa. Esto genera respeto en los demás.*

- **Reflexiona**. ¿Cuán presente se encuentra la madurez y humildad en la dinámica de tu organización? ¿Cuál de estas conductas y actitudes te gustaría incorporar para mejorar en cuanto a humildad y madurez? ¿Qué precisas para comenzar a implementarlo?

Sugerencias para desarrollar las siete habilidades emocionales en tu liderazgo

➤ Reconoce las siete habilidades emocionales de un buen líder en el siguiente ejemplo.

Las siete habilidades de la inteligencia emocional	¿Tienes actitudes y conductas de esta habilidad como líder? Si no es así, ¿de qué manera podrías poner en práctica esta habilidad en tu trabajo?
2) Gestionar adecuadamente las caricias laborales	• Me cuesta gestionar adecuadamente las caricias laborales ya que me resulta difícil elogiar o felicitar a un empleado cuando hace las cosas bien. Puedo comenzar a practicar con un elogio una vez al día con dos de mis empleados.

A continuación, completa la segunda columna con las siete habilidades de la inteligencia emocional en un líder. Si precisas más información te recomiendo releer el capítulo 7.

Las siete habilidades de la inteligencia emocional	¿Tienes actitudes y conductas de esta habilidad como líder? Si no es así, ¿de qué manera podrías poner en práctica esta habilidad en tu trabajo?
1) Gestionar equipos y climas de trabajo equilibrados	
2) Gestionar adecuadamente las caricias laborales	
3) Escuchar	
4) Asertividad	
5) Manejo eficaz	
6) Proactividad congruente	
7) Madurez y humildad	

CAPÍTULO 8

Liderazgo eficaz *versus* liderazgo ineficaz. ¿Dónde te sitúas?

Esteban compartía el liderazgo y conducción de una empresa familiar en el ramo de la seguridad junto con su hermano Aníbal. El problema era, como sucede en muchas empresas familiares, que sus estilos de liderazgo eran muy diferentes y la situación estaba tornándose insostenible dentro de la empresa. Esteban tenía 56 años, era padre de familia, y acostumbraba a dialogar con su esposa e hijos, en tanto que Aníbal era más pasional y tendía a enojarse con facilidad, desatando una verborragia agresiva que intimidaba a los demás. Durante 15 años habían coexistido y llevado adelante la empresa con ciertos conflictos. Fue Esteban, el hermano más receptivo, quien me convocó para que trabajase los estilos de liderazgo, aduciendo que en la empresa había conflictos y rispideces con sus gerentes y supervisores. Parecía que ellos no sabían a cuál de los hermanos escuchar u obedecer. Si bien Esteban dialogaba y conseguía crear equipos, aparecía Aníbal y deshacía toda la labor con sus actitudes agresivas. Entre ellos resultaba cada vez más difícil dialogar y consensuar. Al cabo de unos meses, llegamos a la conclusión que era imposible seguir compartiendo la dirección de la empresa. De hecho, Esteban había comenzado a tener cuadros de ansiedad y estaba recibiendo medicación a raíz del estrés provocado por las discusiones con su hermano. Pero también venía madurando una decisión respecto de su posible separación de la empresa. Durante el proceso de coaching lo escuché y acompañé en sus temores y resistencias, promoviendo encuentros con su esposa e hijos para generarle un marco familiar de apoyo y contención en ese momento tan delicado. Proseguimos el proceso hasta que se sintió lo suficientemente seguro como para iniciar una separación societaria que redundó en un mejor futuro para él.

¿Cuáles son los estilos de liderazgo que pueden ayudarte a lograr tus metas y al mismo tiempo generar vínculos productivos y gratificantes en tu trabajo? ¿Cuáles son los estilos de liderazgo que pueden perjudicar tu desempeño profesional y enrarecer el clima de trabajo de tu equipo y empresa? El liderazgo transaccional es una teoría enunciada y creada por el doctor Roberto Kertész, médico psiquiatra argentino y consultor de empresas, quien ha introducido el análisis transaccional en Latinoamérica y España. Kertész también es rector de la Universidad de Flores, en Argentina, y una de las máximas autoridades mundiales en manejo del estrés y coaching transaccional. Resulta importante conocer su trayectoria que puede ser ampliada con la lectura de sus libros, ya que utilizaremos su teoría de los estilos de liderazgo transaccional de gran valor didáctico y aplicables a la práctica diaria del liderazgo, en una organización y en la vida en general.

El liderazgo transaccional está basado en la teoría del análisis transaccional, una corriente psicológica creada por el doctor Eric Berne, ampliamente aplicada en el mundo corporativo. Esta teoría establece que todos contamos con un repertorio de cuatro estilos de liderazgo adecuados que promueven buenos resultados, y su contrapartida son otros cuatro estilos de liderazgo inadecuados que pueden afectar a la productividad, el bienestar y el clima laboral. Como explican Roberto Kertész y otros:

> *Teóricamente, todos poseemos los ocho estilos en nuestro repertorio, en diversos grados. Porque a lo largo de nuestra existencia, hemos estado expuestos a observar o experimentar cada uno de ellos. Pero en la práctica solemos predominar con los que nos han brindado mayor seguridad, mejores resultados o los que mejor se adapten al ambiente laboral en que nos desempeñamos.*[19]

---

19 Kertész, R.; Atalaya, C. I. y Kertész, V.: *Liderazgo transaccional. Cómo hacer que la gente haga.* Editorial de la Universidad de Flores, Buenos Aires, 2012.

A lo largo de este capítulo examinaremos en detalle cada uno de estos ocho estilos y el impacto que ejercen en el liderazgo. El propósito es que puedas observar cada uno de dichos estilos para ser consciente de ciertas pautas de conducta que puedes estar manifestando como líder sin darte cuenta, y también para que desarrolles mayores recursos para empoderar tu manera de liderar. Las ventajas de conocer y aplicar la teoría de los estilos de liderazgo transaccional son:

> ➢ Es clara y simple.
> ➢ Describe conductas y actitudes observables en cada momento que ayudan a que una persona pueda identificarse o bien verlas en otra persona.
> ➢ Permite un fácil autodiagnóstico, tanto por lo que se hace en cada momento como líder, como por las tendencias y puntos a modificar.
> ➢ Facilita la incorporación de estilos positivos de liderazgo y permite la disminución de los estilos inadecuados, ya que la persona se da cuenta y luego puede entrenar nuevos recursos con ciertas técnicas.

Como consultor, encuentro esta teoría muy interesante y pedagógica para trabajar junto a mis clientes, sean CEOs, gerentes o mandos medios, ya que permite visualizar y diagnosticar cuáles son los estilos que imperan en el liderazgo y sus efectos en la empresa. Los ocho estilos de liderazgo transaccional se componen de cuatro estilos adecuados y cuatro inadecuados.

ESTILOS DE LIDERAZGO ADECUADOS	ESTILOS DE LIDERAZGO INADECUADOS
1. Conductor →	1. Autoritario
2. Protector →	2. Salvador
3. Racional →	3. Frío
4. Creativo →	4. Indiferente

Cuando estamos en una posición de liderazgo podemos ejercer cualquiera de estos ocho estilos, dependiendo de la situación. Sin embargo, es importante saber y reconocer en qué consiste cada uno de ellos y el impacto que genera en los demás. Cuánto mayor conciencia desarrollemos al respecto, mayor será nuestra capacidad e inteligencia emocional para decidir cuál de estos estilos nos conviene ejercer, según la situación, a fin de lograr mejores resultados en nuestro trabajo y sentirnos más a gusto.

Los cuatro estilos de liderazgo inadecuados

Constituyen cuatro categorías o maneras diferentes de liderar y actuar que a mediano y largo plazo pueden reducir el bienestar y productividad de nuestros empleados y de la empresa, trayéndonos diversos inconvenientes a nivel humano, operativo y financiero. Existen líderes que ocupan una parte significativa de su tiempo en liderar con alguno de estos cuatro estilos, lo cual les genera perjuicios a su persona, a la de sus colaboradores y a la empresa. También podemos encontrar situaciones similares en muchas empresas familiares cuyo liderazgo es compartido por dos o más parientes, lo cual conlleva a una convivencia de diferentes estilos de liderazgo que pueden ocasionar conflictos y lucha de poder que se trasladan al resto de la compañía.

A menudo he trabajado con empresarios que realizan una actividad en sociedad con sus familiares. Cuando existe un diálogo adulto entre ellos, que les permita consensuar y fijar metas en conjunto, la empresa funciona y crece pese a los diversos obstáculos coyunturales que pueda tener el país. Pero cuando estos hermanos parecen tener conflictos en su comunicación para resolver los asuntos y dificultades que se les presentan a diario, la empresa comienza a manifestar problemas en todos sus niveles. Los temas no resueltos en el vínculo entre los líderes principales de la empresa tienden a replicarse en el resto. Muchas veces puede suceder que estos sean parientes que arrastran una dinámica familiar en la que no consiguen comunicarse de manera adulta. Esto en sí mismo no sería un problema si cada uno viviese y trabajase por su cuenta. Pero cuando comparten una misma actividad comercial, puede resultar un enorme dolor de cabeza, sobre todo si sus estilos de liderazgo son diferentes, ya que sus empleados pueden confundirse y no saben a quién escuchar y seguir. Como consultor y psicólogo, considero fundamental ayudar a ordenar esta clase de dinámica comunicacional entre familiares de manera que puedan sentarse a conversar los asuntos de la empresa de manera adulta y racional, y aprender a diferenciar los roles familiares de los de socios comerciales (que en la empresa familiar suele estar entremezclado y confundido). Mientras este proceso de clarificación es llevado adelante pueden aflorar estilos de liderazgo adecuados que redunden en un enorme beneficio para la empresa. Pero cuando sus principales referentes se niegan a revisar y trabajar sus estilos de liderazgo (y esto sucede en muchos casos), sea porque no quieren salir de su zona de confort o porque están apegados a una manera de dirigir, la empresa puede verse muy perjudicada, tanto en el clima laboral como en su funcionamiento financiero.

Todos precisamos revisar nuestros estilos de liderazgo, con independencia de que trabajemos dentro de una empresa o fuera de ella, ya que esta mayor conciencia nos permite conocer lo que puede no funcionar adecuadamente y optimizar nuestra manera de liderar. Las personas que asumen que no precisan sugerencias, *feedback* o trabajo personal en su inteligencia emocional pueden terminar convirtiéndose en individuos con una actitud cerrada y omnipotente. Y si encima estas mismas personas ocupan cargos de liderazgo en empresas o instituciones pueden generar un daño mayúsculo en su entorno, y hasta en sus propias familias. Esto mismo puedes observarlo a escala internacional.

En general, aquellos países o compañías liderados por personas que manifiestan uno o dos de los cuatro estilos de liderazgo inadecuados suelen padecer mayores índices de pobreza, problemas de corrupción y carencias relacionadas con la libre expresión y los derechos humanos, así como un alto nivel de conflictividad. Por ello, vale realizar una aclaración importante: los estilos inadecuados de liderazgo se potencian con la creencia distorsionada de que así se asegurarán mejores resultados y un mayor orden. Muchas veces la persona piensa que solo a través de ejercer la autoridad con orden, firmeza y "mano dura" obtendrá buenos resultados. Para más información observa a los líderes autoritarios y fríos que conducen los destinos de países donde se reprime la libertad de expresión y el libre comercio.

Comenzaremos explorando estos cuatro estilos inadecuados, y ahondaremos en cada uno de ellos para dilucidar en qué consisten y cuáles son sus efectos en el trabajo. Te invito a observar atentamente en qué situaciones de tu trabajo, e inclusive de tu vida personal, puedes estar manifestándolos.

Test

El siguiente está diseñado para revisar tu posicionamiento en relación con los estilos de liderazgo. Procura contestar en forma sincera y objetiva

1 = POCAS VECES   2 = ALGUNAS VECES   3 = MUCHAS VECES

Conductas y actitudes relacionadas con los estilos adecuados de liderazgo	1	2	3
1. Evito incurrir en conductas y actitudes autoritarias, tajantes y controladoras, ya que eso puede traerme inconvenientes con mis empleados.			
2. Suelo evitar el sobrecargarme de responsabilidades y tareas de los demás, pues he comprobado que eso resta eficacia y potencia a mi equipo de trabajo.			
3. Trato de evitar mostrarme distante, frío o calculador en mi trabajo, ya que eso genera una atmósfera poco agradable.			

Conductas y actitudes relacionadas con los estilos adecuados de liderazgo	1	2	3
4. Me gusta constituir equipos de trabajo con personas proactivas y responsables, así como evitar personas que muestran escasa proactividad y responsabilidad.			
5. Me considero un líder con capacidad para comunicarme de manera clara, concisa y firme, lo cual aporta un rumbo a mi equipo y fomenta la productividad.			
6. Suelo generar un clima de confianza para que mis empleados se sientan cómodos y puedan plantearme lo que piensan y sienten en el trabajo.			
7. Me gusta generar reuniones de equipo donde todos podamos intercambiar información racionalmente y así decidir qué es lo más conveniente.			
8. Me considero un líder con capacidad para motivar e inspirar a los demás, lo cual me ayuda a que mi equipo pueda superar los desafíos y alcanzar las metas fijadas.			
9. Creo ser un líder receptivo, dispuesto a escuchar a los demás para mejorar mi gestión.			
Total de respuestas			

Puntajes

Si la mayoría de las respuestas es 1, estás teniendo dificultades para ejercer los cuatro estilos de liderazgo transaccional adecuados. Al parecer, estás manifestando mayor predominio de los cuatro estilos inadecuados de liderazgo, lo cual puede traerte escasos resultados positivos. Presta atención a la primera parte de este capítulo a fin de reconocer actitudes y conductas inadecuadas, y procura efectuar un trabajo al respecto.

Si la mayoría de las respuestas es 2, puedes estar manifestando algunas dificultades para ejercer los cuatro estilos adecuados de liderazgo. Puede que todavía no los hayas consolidado. Por lo tanto comprométete a trabajar aquellos ítems que has marcado con el puntaje 1.

Si la mayoría de las respuestas es 3, estás manifestando los cuatro estilos adecuados de liderazgo transaccional, lo cual te aporta efectividad, profundidad y buenos resultados en tu gestión. Felicitaciones. Continúa comprometiéndote con la excelencia en el liderazgo.

Primer estilo inadecuado de liderazgo: autoritario

Este es el primer estilo de liderazgo inadecuado. En el siguiente cuadro podemos apreciar en qué consiste y cuáles son sus efectos en los demás.

Estilo inadecuado de liderazgo	En qué consiste	Impacto y consecuencias
Autoritario	• *Trato verticalista: da órdenes sin brindar razones claras, espera obediencia. No cuida las maneras amables y cálidas en el trato.* • *Ejerce control de todo. Tiende a estar muy centrado en la productividad y deja de lado el clima laboral.* • *Exige demasiado de los empleados.* • *Se enoja cuando las indicaciones no son obedecidas.* • *Asume una postura de sabelotodo cuya verdad es la única y valiosa, sin dar espacio al intercambio equilibrado.* • *Se expresa de manera agresiva, tajante y terminante.* • *Escucha escasamente los aportes y necesidades de los demás.*	• *Promueve estados de sumisión, impotencia y temor en los empleados con respecto al líder.* • *Impide que haya un intercambio fructífero y racional entre los miembros del equipo.* • *Acota el potencial y la capacidad de los empleados para aportar ideas valiosas.* • *Da devoluciones de manera brusca, poco adecuada y duras, lo cual promueve el malestar.* • *El clima laboral se vuelve tenso y muy distresante, lo cual aumenta el estrés de los empleados.* • *El líder se crea una reputación de dictador que ahuyenta a los demás.*

• **Reflexiona.** ¿Cuán presente se encuentra este estilo de liderazgo en tu organización? ¿En qué momentos actúas con este estilo de liderazgo en tu trabajo? ¿Cuáles de estas pautas de conducta puedes reconocer en tu manera de liderar? ¿Qué consecuencias te traen?

Segundo estilo inadecuado de liderazgo: salvador

Este es el segundo estilo de liderazgo inadecuado. En el siguiente cuadro podemos apreciar en qué consiste y cuáles son sus efectos en los demás.

Estilo inadecuado de liderazgo	En qué consiste	Impacto y consecuencias
Salvador	• *Dificultad en asumir un rol de líder que marca límites y pautas claras para el funcionamiento.* • *Trato sobreprotector con sus empleados, asumiendo actitud excesivamente comprensiva y poco firme con ellos.* • *Comunicación poco asertiva: no coloca ni marca límites claros y firme con los demás.* • *Se sobrecarga, asumiendo el trabajo y tareas de sus empleados.* • *Procura aceptación y aprobación de sus jefes y empleados.* • *A veces el líder puede realizar las tareas de otros para no hacer las propias.*	• *Genera estancamiento en el rendimiento laboral de su equipo al querer sobreproteger a los otros.* • *Se sobrecarga de responsabilidades hasta que queda saturado por el estrés y puede enfermarse.* • *Los empleados interpretan que pueden hacer lo que quieran al percibir la falta de autoridad del líder, lo cual puede perjudicar la productividad.* • *Al buscar la aceptación de los demás, el líder se mantiene en una postura psicológica infantil entregando así parte de su poder personal.* • *No delega de forma adecuada y eso resta eficacia a sus empleados.*

- **Reflexiona.** ¿Cuán presente se encuentra este estilo de liderazgo en tu organización? ¿En qué momentos actúas con este estilo de liderazgo en tu trabajo? ¿Cuáles de estas pautas de conducta puedes reconocer en tu manera de liderar? ¿Qué consecuencias te traen?

Tercer estilo inadecuado de liderazgo: frío

Este es el tercer estilo de liderazgo inadecuado. En el siguiente cuadro podemos apreciar en qué consiste y cuáles son sus efectos en los demás.

Estilo inadecuado de liderazgo	En qué consiste	Impacto y consecuencias
Frio	• *Ausencia de comunicación emocional: utiliza la lógica pero no conecta ni se vincula emocionalmente con los demás.* • *Trato frío y distante: procura información y da escasa atención a las necesidades emocionales de sus empleados.* • *Está demasiado centrado en cumplir los objetivos priorizando lo que le permita alcanzarlos, en vez de cuidar el factor humano.* • *Procura información para escalar posiciones a fin de lograr sus objetivos.* • *Escasa conexión con una escala de valores morales, por lo que le importa poco lo que deba hacer para cumplir sus objetivos.*	• *No genera vínculos humanos cálidos y sólidos en su equipo de empleados ya que solo le interesa cumplir objetivos.* • *Puede crearse una fama de insensible, psicópata y desagradable, lo cual aleja a las personas.* • *Produce un clima de trabajo deshumano que reduce el bienestar de las personas y su confort.* • *No genera un equipo cohesionado y equilibrado ya que descuida la creación de vínculos.* • *Manifiesta escasa integridad moral por estar poco conectado con los valores morales, lo cual genera rechazo y ahuyenta a las personas que sí dan importancia a los valores e integridad moral.*

• **Reflexiona**. ¿Cuán presente se encuentra este estilo de liderazgo en tu organización? ¿En qué momentos actúas con este estilo de liderazgo en tu trabajo? ¿Cuáles de estas pautas de conducta puedes reconocer en tu manera de liderar? ¿Qué consecuencias te traen?

Cuarto estilo inadecuado de liderazgo: indiferente

Este es el cuarto estilo de liderazgo inadecuado. En el siguiente cuadro podemos apreciar en qué consiste y cuáles son sus efectos en los demás.

Estilo inadecuado de liderazgo	En qué consiste	Impacto y consecuencias
Indiferente	• *Se comunica de manera imprecisa, poco clara e inadecuada para los objetivos a cumplir.* • *Delega demasiado en sus subordinados sin examinar si están capacitados para la tarea.* • *Actitud infantil: no asume su rol de líder ni se ocupa adecuadamente de los asuntos y desafíos que tiene a su cargo.* • *Procura estar cómodo y evitar esfuerzos que lo aparten de su zona de confort.* • *No se preocupa por el desempeño de sus empleados, y los deja liberados a su suerte.* • *Teme asumir responsabilidades, por lo que prefiere postergar ciertos asuntos importantes que deben encararse,.*	• *Tiende a posponer asuntos importantes que deben resolverse, lo cual trae malestar y disminución de la productividad.* • *Es percibido por sus empleados como un líder poco responsable e inmaduro, lo cual le resta autoridad y genera resentimiento.* • *No cumple los objetivos de la empresa por no asumir responsabilidades, y transmite falta de proactividad por lo que puede ser echado.* • *La delegación inadecuada de tareas en sus colaboradores puede perjudicar a la empresa por su falta de reflexividad.* • *Puede generar desmotivación y falta de compromiso en su equipo por su escasa presencia como líder.*

- **Reflexiona**. ¿Cuán presente se encuentra este estilo de liderazgo en tu organización? ¿En qué momentos actúas con este estilo de liderazgo en tu trabajo? ¿Cuáles de estas pautas de conducta puedes reconocer en tu manera de liderar? ¿Qué consecuencias te traen?

- **En resumen.** Mantenernos en uno o varios de estos cuatro estilos de liderazgo inadecuados puede conducirnos al fracaso, a perder nuestro trabajo, padecer desequilibrios emocionales y generar el rechazo de los demás y perjudicarlos. Reconocer estos cuatro estilos inadecuados en nuestra propia gestión es el primer paso para transformarlos y convertirnos en líderes más equilibrados y sabios.

Los cuatro estilos de liderazgo transaccional adecuados

Estos cuatro estilos constituyen las maneras diferenciadas y complementarias de liderar y actuar que pueden generar muy buenos resultados en cuanto a productividad, bienestar de los empleados y sensación de autoestima del líder. Cuando se combinan estos cuatro estilos de liderazgo adecuados, de acuerdo con la situación que se deba afrontar en la empresa, es posible optimizar el rendimiento de sus empleados, alcanzar las metas fijadas y generar un clima muy agradable de trabajo. Un líder precisa conocer estos cuatro estilos de liderazgo adecuados y entrenarlos a fin de contar con un repertorio de conductas y actitudes eficaces. Por eso, cuando un líder maneja de forma apropiada estos cuatro estilos adecuados de liderazgo está manifestando un acertado nivel de inteligencia emocional que lo llevará a tener muy buenos resultados. Un ejercicio muy interesante de reflexión y observación, a medida que recorras este capítulo, es recordar a aquellos líderes que respetas, admiras o aprecias, tanto sea porque hayas trabajado con ellos o simplemente por haber leído sus obras. Tan solo pregúntate cuál de estos cuatro estilos utilizan esos líderes que admiras, o bien qué combinación demuestran aplicar en el ejercicio de sus liderazgos.

A continuación comenzaremos a explorar los cuatro estilos adecuados, y ahondaremos en cada uno de ellos para conocer en qué consisten y cuáles son sus efectos positivos en el liderazgo y la empresa.

Primer estilo adecuado de liderazgo: conductor

Este es el primer estilo de liderazgo adecuado. En el siguiente cuadro podemos apreciar en qué consiste y cuáles son sus efectos.

Estilo adecuado de liderazgo	En qué consiste	Beneficios
Conductor	• Indica, dirige y marca un rumbo claro que aporta orden y dirección a su equipo. • Comunica de forma asertiva: coloca límites y corrige las conductas de sus empleados de manera firme pero respetuosa. • Trata con respeto: prioriza las buenas maneras con decisión y pone límites claros. • Coloca lineamientos y metas claras, encaminando a su equipo de manera inequívoca, organizada y firme.	• Aporta claridad y certidumbre a sus empleados. • Promueve un ambiente laboral de disciplina y respeto que genera una mejor convivencia. • Genera respeto y admiración en sus empleados, lo cual refuerza su disponibilidad para trabajar acertadamente. • Proporciona guía y formación a sus empleados, capacitándolos para desempeñar mejor sus tareas. • Ayuda a corregir las conductas inadecuadas de los demás, a fin de funcionar mejor en la empresa. • Estimula el crecimiento y rendimiento de sus empleados con respeto y límites claros.

- **Reflexiona.** ¿Cuán presente se encuentra este estilo de liderazgo en tu organización? ¿En qué momentos actúas con este estilo en tu trabajo? ¿Cuáles de estas pautas de conducta precisas desarrollar en tu manera de liderar? ¿Qué beneficios te traería el incorporar nuevas pautas de este liderazgo?

Segundo estilo adecuado de liderazgo: protector

Este es el segundo estilo de liderazgo adecuado. En el siguiente cuadro podemos apreciar en qué consiste y cuáles son sus efectos en los demás.

Estilo adecuado de liderazgo	En qué consiste	Beneficios
Protector	• Trato cálido: el líder apoya y alienta el crecimiento personal y profesional de sus empleados. • Comunicación emocional: el líder escucha y manifiesta comprensión y empatía hacia sus empleados. • Procura dar respaldo y conectar emocionalmente con sus empleados. • Genera un clima emocional propicio para trabajar en equipo, intercambiar ideas y crecer en grupo. • Protege a sus empleados, incluso cuidando su salud y bienestar de manera adulta y equilibrada.	• Genera un ambiente emocional agradable para trabajar, lo cual aumenta la sensación de placer en sus empleados. • Genera vínculos humanos adultos y equilibrados que potencian la productividad. • Se muestra accesible a consultas, lo cual brinda seguridad y la posibilidad de corregir errores. • Crea en sus colaboradores mayor confianza en sí mismos al reconocer y reforzar sus logros. • Promueve mayor salud y protección emocional frente al estrés laboral.

- **Reflexiona**. ¿Cuán presente se encuentra este estilo de liderazgo en tu organización? ¿En qué momentos actúas con este estilo de liderazgo en tu trabajo? ¿Cuáles de estas pautas de conducta precisas desarrollar en tu manera de liderar? ¿Qué beneficios te traería el incorporar nuevas pautas de este liderazgo?

Tercer estilo adecuado de liderazgo: racional

Este es el tercer estilo de liderazgo adecuado. En el siguiente cuadro podemos apreciar en qué consiste y cuáles son sus efectos en los demás.

Estilo adecuado de liderazgo	En qué consiste	Beneficios
Racional	• *Comunicación adulta: razona con lógica basado en la información que recopila él y en la de sus empleados.* • *Trato adulto: intercambia con sus empleados información de manera adulta y adecuada para lograr las metas establecidas.* • *Procura tomar decisiones lógicas, apropiadas y beneficiosas acordes con la información recopilada.* • *Razona, piensa y actúa junto con su equipo, en busca de lo más conveniente para la empresa en condiciones amables.* • *Escucha las opiniones de sus empleados, enriqueciendo su capacidad de razonar.*	• *Potencia las opciones para actuar racionalmente.* • *Promueve mayor comunicación adulta e igualitaria con sus colaboradores.* • *Permite que los empleados puedan aportar y sugerir, lo cual los hace sentir valiosos.* • *Delega eficazmente ya que se basa en la lógica, y potencia el rendimiento laboral.* • *El líder promueve una mayor autogestión en sus empleados, y entonces puede dedicarse a otras cuestiones importantes.*

• **Reflexiona**. ¿Cuán presente se encuentra este estilo de liderazgo en tu organización? ¿En qué momentos actúas con este estilo de liderazgo en tu trabajo? ¿Cuáles de estas pautas de conducta precisas desarrollar en tu manera de liderar? ¿Qué beneficios te traería el incorporar nuevas pautas de este liderazgo?

Cuarto estilo adecuado de liderazgo: creativo

Este es el cuarto estilo de liderazgo adecuado. En el siguiente cuadro podemos apreciar en qué consiste y cuáles son sus efectos en los demás.

Estilo adecuado de liderazgo	En qué consiste	Beneficios
Creativo	• Lidera a través de entusiasmar e inspirar a los demás para alinearlos detrás de una visión. • Demuestra capacidad para influir en los demás a través de las emociones. • Trato afectivo: manifiesta espontaneidad, apela al buen humor y desafía a sus empleados a superarse. • Procura crear buen clima para generar empleados motivados para el cambio. • Ayuda a sus empleados a superarse y prepararse para los cambios que puedan avecinarse en la empresa.	• Su estilo carismático genera entusiasmo, unidad y motivación en su equipo. • Promueve un clima de trabajo con adecuados niveles de motivación, entrega y entusiasmo en sus empleados. • Al expresar sus emociones auténticas, el líder genera empatía, simpatía y poder de atracción. • Ayuda a descomprimir la tensión del ambiente, lo que beneficia al clima laboral. • Su habilidad para apelar al humor genera buena predisposición para trabajar en sus empleados.

• **Reflexiona**. ¿Cuán presente se encuentra este estilo de liderazgo en tu organización? ¿En qué momentos actúas con este estilo de liderazgo en tu trabajo? ¿Cuáles de estas pautas de conducta precisas desarrollar en tu manera de liderar? ¿Qué beneficios te traería el incorporar nuevas pautas de este liderazgo?

• **En resumen**. Desarrollar los cuatro estilos adecuados de liderazgo, combinarlos entre sí y aplicarlos según la situación lo demande, puede promover crecimiento profesional, aumento del bienestar de nuestros empleados y generación de vínculos humanos gratificantes y equilibrados en nuestro trabajo.

Cómo desarrollar los cuatro estilos de liderazgo adecuados

Hemos visto los cuatro estilos adecuados de liderazgo transaccional. Puede que en tu liderazgo estés ejerciendo algunas pautas de conducta y actitudes mencionadas en ellos, pero lo importante es que puedas reconocer cuáles son las adecuadas y reflexionar en qué situaciones precisas aplicarlas para mejorar tu liderazgo. También es fundamental saber que todos contamos con el potencial de desarrollar estos cuatro estilos si nos entrenamos con ciertas técnicas y recursos. La práctica hace a la excelencia. Mientras reconozcas el estilo que precisas mejorar y te comprometas con él por medio de la práctica, con seguridad mejorarás tu capacidad de liderar. La ventaja de esta teoría es que permite identificar con facilidad las conductas y actitudes adecuadas de liderazgo, y verlas en ti mismo, a fin de chequear cuáles precisas desarrollar según la situación que debas afrontar. Por otra parte, recuerda que estos estilos de liderazgo adecuados pueden combinarse, creando una sinergia que multiplicará tus resultados. En la práctica, un líder que marca límites claros, comunica las metas (estilo conductor), acompaña y cuida el clima emocional de su equipo (protector), promueve reuniones de equipo para intercambiar información (racional) y motiva a su equipo para crecer (creativo) puede obtener resultados muy positivos para su empresa. Se trata de que puedas ir descubriendo, para cada situación particular en que te encuentres, qué combinación de estilos de liderazgo precisas ejercer.

En el siguiente cuadro podremos observar los recursos y sugerencias que puedes comenzar a poner en práctica para desarrollar cada uno de los cuatro estilos adecuados.

Estilos de liderazgo adecuados	Recursos y sugerencias para desarrollarlos en tu trabajo
1) Conductor	• *Imitar modelos de algún líder referente que admires, practicando aquellas conductas de este estilo que generan buenos resultados.* • *Revisar los miedos internos al posicionarte en un rol de autoridad.* • *Pedir ayuda y asistencia de líderes de la empresa que estén dispuestos a ayudar y a empoderarnos.*
2) Protector	• *Formular preguntas a los empleados y escuchar atentamente lo que dicen sin interrumpirlos. Luego agradecerles por su aporte.* • *Sonreír y expresar una frase amable que implique un reconocimiento a tus empleados.* • *Cuando delegamos una tarea, brindar confianza en nuestro empleado.* • *Interesarnos por los gustos y aspectos de la vida personal de los demás. Preguntar por ello dos veces a la semana.*
3) Racional	• *Actualizar nuestros conocimientos y recursos en nuestra área, y capacitarnos en nuestro rol de líderes y en los desafíos que nos toca afrontar.* • *Realizar reuniones semanales o quincenales con los empleados para intercambiar información y escuchar aportes o sugerencias.* • *Alentar a nuestros empleados para que se capaciten y aumenten sus conocimientos.*
4) Creativo	• *Conectarnos con la razón y el placer que nos han llevado a elegir este trabajo para luego transmitirlos a los demás.* • *Practicar teatro, clown, canto u otra actividad artística corporal que nos ayude a conectarnos con nuestro cuerpo emocional.* • *Imaginarnos transmitiendo nuestra visión y metas al equipo desde una actitud atractiva, entusiasta y vital.* • *Viajar y recorrer bellos paisajes naturales que nos vitalicen e inspiren para luego transmitir esa energía al liderazgo.*

• **Reflexiona**. ¿Cuál de estos estilos precisas desarrollar más en tu liderazgo? ¿Cuáles de ellos debes combinar acorde con las situaciones que te toque afrontar como líder en tu trabajo? ¿Qué recursos y sugerencias descritas en la tabla puedes comenzar a practicar para mejorar tu liderazgo?

Sugerencias para desarrollar los estilos adecuados de liderazgo

➢ **Reconoce los estilos inadecuados en tu manera de liderar.** En el siguiente cuadro, completa la segunda columna a fin de ser consciente de las conductas y actitudes propias de los estilos de liderazgo inadecuados. Para ello, toma el siguiente ejemplo.

Los cuatro estilos inadecuados de liderazgo transaccional	¿Manifiestas actitudes y conductas de este estilo inadecuado de liderazgo? Si lo haces, ¿qué consecuencias te generan en tu trabajo?
1) Autoritario	Considero que a veces me comporto de manera autoritaria y eso genera tensión y reacción defensiva en mis empleados. A veces quiero imponer mis puntos de vista, lo que causa malestar en mi equipo.
2) Salvador	A veces ayudo demasiado a mis empleados y termino por sentirme cansado y agotado.

➢ Completa el siguiente cuadro con los cuatro estilos inadecuados de liderazgo transaccional. Si precisas más información, te recomiendo releer el capítulo 8.

Los cuatro estilos inadecuados de liderazgo transaccional	¿Manifiestas actitudes y conductas de este estilo inadecuado de liderazgo? Si lo haces, ¿qué consecuencias te generan en tu trabajo?
1) Autoritario	
2) Salvador	
3) Frío	
4) Indiferente	

➢ Incorpora los estilos adecuados en tu manera de liderar. En el último cuadro, señala los estilos de liderazgo adecuados (actitudes y acciones) que consideras que precisarías desarrollar más como líder. Para ello, completa la segunda columna. Ten en cuenta el siguiente ejemplo.

Los cuatro estilos adecuados de liderazgo transaccional que consideras que precisarías desarrollar en tu trabajo	¿Qué actitudes y conductas de los cuatro estilos adecuados precisas desarrollar en tu liderazgo? ¿Cuáles estilos de liderazgo precisarías combinar para optimizar tus resultados?
1) Conductor	Considero que precisaría reforzar el dirigir con más firmeza y hacerme respetar más con mis empleados. Y estaría bueno combinarlo con el estilo protector para generar mayor cercanía emocional cuando sea necesario.

2) Protector	A veces escucho a mis empleados, aunque sería conveniente que desarrollara más una actitud de escucha amable a los demás.

A continuación, completa el siguiente cuadro.

Los cuatro estilos adecuados de liderazgo transaccional que consideras que precisarías desarrollar en tu trabajo	¿Qué actitudes y conductas de los cuatro estilos adecuados precisas desarrollar en tu liderazgo? ¿Cuáles estilos de liderazgo precisarías combinar para optimizar tus resultados?
1) Conductor	
2) Protector	
3) Racional	
4) Creativo	

CAPÍTULO 9

Los modelos familiares
que limitan nuestro liderazgo

(…) cuando se contrata a alguien para una posición líder hay un test sencillo: prueba cómo está su relación con la madre, si es buena significa que va a tener una buena relación con la empresa y los demás lo respetarán y lo amarán (…). El que está en sintonía con sus padres tiene éxito en la relación de pareja, en la relación como padre o madre y en lo que hace en general. Toda esa bendición viene de los padres y se necesita muy poquito para tenerlo: hacer una pequeña reverencia ante ellos.[20]

Entrevista realizada por Maga en agosto de 2007 a Bert Hellinger, creador de las *Constelaciones familiares*

¿Qué impacto consideras que ha tenido tu crianza familiar en tus resultados actuales como profesional y/o líder? ¿Qué clase de vínculo sostienes con tus padres y hermanos? ¿Consideras que tu familia constituye una fuente de apoyo y estímulo para crecer como persona y líder? Hasta ahora, en los capítulos anteriores, hemos abordado las diversas habilidades y competencias que un líder precisa desarrollar en su persona para optimizar la calidad de su liderazgo en su trabajo. En este capítulo nos dedicaremos a explorar los

---

20 http://www.mantra.com.ar/Entrevistas/hellinger3.html

aspectos psicológicos fundamentales que pocas veces se explican en el liderazgo, que son los modelos familiares que portamos en nuestra psiquis y que en gran parte son responsables del grado de éxito o fracaso que podemos tener en nuestra vida personal y profesional.

Básicamente, es en el seno de nuestras familia donde aprendemos los principios de la inteligencia emocional que luego afectarán a nuestras vidas. Aunque vale una aclaración importantísima: no se trata de la educación y crianza familiar que has tenido lo que determina si tendrás éxito en tu vida personal y profesional, sino lo que haces con lo que has vivenciado. La manera en que has procesado aquellas experiencias que has vivido con tu familia. De hecho, muchos líderes exitosos provienen de familias en las que han experimentado dolor, conflictos y maltrato y, mismo así, han podido sobreponerse, superarse y alcanzar sus sueños. Claro que lo que han conseguido no ha sido porque fueron tocados por la suerte o por una varita mágica, sino más bien porque han tenido la decisión personal de pedir ayuda, procurarse de manera humilde mentores dispuestos a asistirlos y trabajarse a nivel personal-emocional (psicoterapeutas, coach, cursos, etc.). Por ende, en este capítulo nos introduciremos en la parte más psicológica de este libro, que nos permitirá concientizar y revisar aquellos modelos, creencias y miedos que, sin saberlo, podemos estar cargando dentro de nosotros y que, al no elaborarlos adecuadamente, pueden boicotear nuestros deseos e intentos de crecer profesionalmente, así como también de llevar adelante una adecuada gestión de liderazgo. De hecho, es en nuestra familia donde realizamos nuestras primeras experiencias de educación emocional, sobre cómo vincularnos, interactuar, comunicar, resolver conflictos y consensuar con otras personas. También allí experimentamos los ocho estilos de liderazgo, al ver como actuaban nuestros padres y ejercían su autoridad en nosotros, entre ellos y con sus propias vidas.

A través de nuestros familiares más cercanos aprendemos

lo que implica actuar con adecuados niveles de inteligencia emocional o bien, por el contrario, las consecuencias al experimentar conflictos, tensión y falta de reflexión y autocrítica. Por ello es conveniente que comiences a revisar cómo han sido tus vínculos familiares gran parte de tu vida. ¿Predominaba el respeto y afecto? ¿Tendían a comunicarse de manera agresiva, o bien permanecían callados y aguantaban hasta explotar o enfermarse de estrés? Recordar nuestros modelos familiares es un primer paso para volvernos conscientes de todo lo que podemos seguir acarreando internamente. Para ello, la mejor manera de darnos cuenta del impacto que ejercen nuestros modelos familiares en nuestra vida profesional es mirar los resultados que estamos obteniendo en nuestro trabajo. ¿Experimentamos satisfacción y placer con nuestra actividad laboral? ¿Cómo nos sentimos cuando estamos liderando? ¿Qué dificultades manifestamos en nuestro trabajo? ¿Podemos ganar dinero y disfrutar de ello? ...

Y una vez que encuentres las respuestas a estas preguntas, lleva tu conciencia a tus modelos familiares y pregúntate: tu padre o madre (o ambos) ¿han desarrollado su vocación y obtenido dinero haciendo lo que les gustaba? Muchas veces nuestras dificultades en el mundo laboral provienen de seguir imitando a nuestros padres o rebelándonos contra ellos.

A lo largo de este capítulo exploraremos en detalle este concepto para ayudarte a obtener mayor claridad sobre tus modelos familiares y así poder avanzar, manifestando tu potencial como líder.

- **Reflexiona**. ¿Cómo ha sido la comunicación en tu familia? ¿Cómo han ejercido la autoridad tus padres? ¿Has podido dialogar con ellos con respeto? ¿Consiguieron tus padres desarrollar su vocación y a la vez ganar dinero con ella? ¿Te apoyan y estimulan a crecer como persona y profesional? ¿Cómo crees que todo esto afecta en la actualidad a tu manera de vincularte con las personas?

Nuestros modelos familiares inciden en nuestros resultados profesionales

Existen múltiples razones por las cuales un líder puede desempeñarse de manera eficaz y exitosa en su trabajo, así como también manifestar dificultades y fracasar en sus funciones. Uno de los factores, poco explicados en el mundo empresarial acerca del porqué del éxito en la gestión de un líder, alude a su historia familiar, los modelos que ha internalizado y cómo los ha procesado a fin de apoyarse en ellos.

Si una persona tiende a manifestar dificultades y conflictos en su área profesional, en los diferentes trabajos en los que haya estado, podemos hablar de un patrón de conducta que se repite constantemente. Un patrón es la repetición de un comportamiento que se da en una persona, que puede llevarla a un resultado previsible y limitado en su vida. Por ejemplo, puede que tiendas a repetir el patrón de mantener conflictos con la autoridad en cada empresa en la que hayas estado, lo cual te lleva a tener problemas con tus jefes. Esto mismo puede aplicarse a tu vida personal, si por ejemplo tiendes a escoger parejas conflictivas que no se hacen responsables de sus errores y terminas sobrecargándote de responsabilidades, en vez de vivir una relación de pareja que sea "pareja" y equilibrada.

Es muy importante observar cuáles son los patrones que tendemos a repetir en nuestro trabajo y cuáles son los resultados que nos traen aparejados. Un patrón de conducta puede indicar que existen experiencias familiares que no hemos clarificado ni elaborado adecuadamente, y por lo tanto siguen creándonos confusiones que intentamos resolver en nuestra vida adulta. Este era el caso de Juan, un gerente de banco muy dinámico, quien me había convocado para trabajar su liderazgo. Juan tenía la costumbre de cargarse con los problemas de sus empleados hasta el punto de sufrir dolores de cabeza e insomnio. Cuando charlamos con él acerca de su estilo de liderazgo del tipo salvador (Capítulo 8), le pregunté si era la primera vez que le sucedía el cargarse en exceso con los temas de los demás, a lo cual respondió que era su tercer trabajo donde experimentaba idénticos problemas. Indagando en su historia familiar, Juan me comentó que desde niño había tenido que ser "el adulto de la casa", ya que era el hermano mayor y confidente de su madre, quien había enviudado muy joven. Juan estaba acostumbrado a ser el sostén emocional de los demás desde pequeño, por lo que su patrón se manifestaba en sus trabajos y vida amorosa, asumiendo un rol de líder sobreprotector que si bien le generaba cariño en los demás, lo dejaba exhausto y agotado. Mi trabajo fue ayudarlo a mirar con mayor claridad esta dificultad ya que nunca se había detenido a analizar en profundidad su patrón, y le fue de mucha ayuda para replantearse nuevas maneras de liderar cuidando su integridad y estableciendo límites. Este caso ilustra la importancia de revisar nuestra historia familiar y la forma en que puede estar incidiendo en nuestras dificultades actuales en el liderazgo.

Tener una idea clara sobre los modelos familiares que cargamos en nuestra psiquis y haber procesado de forma adulta estas vivencias puede ser un factor muy importante que nos permita progresar en nuestra área laboral. Una interesante experiencia pedagógica que puedes probar es observar a tres líderes cuyas actitudes se encuadren en los estilos inadecuados de liderazgo e investigar qué tipo de vínculos han tenido con sus padres en la infancia. O bien qué clase de relaciones humanas sostienen en la actualidad con sus familiares más cercanos (pareja, padres, hijos, hermanos). Por lo general, los líderes con estilos inadecuados suelen provenir de familias en las que han vivenciado formas de relacionamiento similares. Por lo que tienden a repetir lo que vivieron y actúan de la misma manera, manteniendo el mismo patrón. Nada es casualidad.

Por ello, vale la pena insistir en que es en nuestra familia donde tenemos nuestras primeras experiencias educativas emocionales, y allí aprendemos a relacionarnos de diversas maneras. Hay familias en las que puede predominar la competencia, el enojo, los gritos, o bien la ausencia de afecto y comunicación que conduce a la soledad de sus miembros. Otras familias se caracterizan por la falta de límites claros y de respeto. También están aquellas en las que los padres, o al menos uno de ellos, establecen la autoridad frente a sus hijos de manera respetuosa y equilibrada, brindando un modelo de inteligencia emocional adecuado.

Se trata de que comiences a revisar cómo han sido tus experiencias familiares de comunicación y liderazgo, y reflexiones sobre cómo crees que han afectado a tu manera actual de liderar y si de alguna manera estás siguiendo un patrón de conducta que te limita.

- **Reflexiona**. Con relación a tus modelos y referentes familiares, ¿cómo resolvían sus diferencias? ¿Tendían a actuar con un adecuado nivel de inteligencia emocional? ¿Cuál ha sido tu actitud ante esas experiencias vividas? ¿Tiendes a repetir algún patrón de conducta que te limita en tu área profesional?

La lealtad a nuestros modelos familiares puede limitarnos

En el capítulo anterior revisamos los ocho estilos de liderazgo transaccional, de los cuales hay cuatro inadecuados que todos podemos manifestar. Es real que cuando un líder ejerce la autoridad con alguno de esos cuatro estilos inadecuados, puede poner en riesgo su trabajo, así como causar daño a los demás. Si te fijas atentamente, es muy probable que estos líderes que manifiestan un nivel insuficiente de inteligencia emocional procedan de familias donde se actuaba de manera similar, con falta de estilos adecuados de liderazgo. Nuestros modelos familiares ejercen un peso importante que influye en nuestra manera de liderar. Sobre todo cuando no hemos elaborado y procesado dichas experiencias mediante un proceso de reflexión o psicoterapia, podemos mantenernos enredados en aquellas tramas familiares que hemos vivido, y eso puede llevarnos a repetirlas en nuestra vida adulta. Por ende, si procedemos de familias con una dinámica un tanto disfuncional (estadísticamente, cerca del 85% de las personas proviene de familias con problemas de comunicación y ejercicio de autoridad), y no hemos procesado estos modelos como para reducir su impacto psicológico negativo en nuestra persona, tendemos a repetir las mismas pautas en nuestra adultez en las diversas áreas de nuestra vida. O bien podemos hacer exactamente todo lo contrario y rebelarnos como niños desafiantes ante la autoridad, aunque sigamos debajo del "paraguas" de nuestros modelos familiares.

Se denomina lealtad a los modelos familiares a aquellos lazos invisibles que como hijos sentimos hacia nuestros padres y sus deseos, expectativas y necesidades, lo cual puede impulsarnos a querer complacerlos. Esto no es malo ni incorrecto, ya que forma parte de un proceso natural que los hijos experimentamos por amor a nuestros padres, y queremos obtener su aprobación. Sin embargo, a medida que una persona crece, puede diferenciarse de sus padres y revisar qué desea y necesita, más allá de las expectativas de su familia. Una persona asume una postura adulta y madura cuando puede reconocer sus lazos de lealtad hacia sus padres y aun así decidir y hacer lo que desea y le conviene. Si, por el contrario, nuestras decisiones y conductas en la vida adulta dependen de la aprobación de nuestro sistema familiar, seguimos siendo leales pero de una forma que puede limitarnos significativamente tanto en lo personal como en lo profesional. Este era el caso de Marianela, una mujer de 45 años que desempeñaba un cargo de supervisora en una empresa de medios de comunicación y se quejaba por no conseguir ascender en la empresa donde trabajaba desde hacía seis años. Marianela había estado antes en otras dos empresas, y en ambas había logrado un escaso crecimiento profesional. Indagando en sus modelos familiares, Marianela relató que su padre había trabajado toda su vida en relación de dependencia y siempre se lamentaba por no crecer ni ocupar una posición de liderazgo relevante. De alguna manera, Marianela continuaba siendo leal a su padre al obtener resultados similares a los conseguidos por él en sus trabajos. Puede parecer raro pero muchas veces, por amor a nuestros padres, si obtenemos éxito donde ellos no lo lograron podemos sentir que estamos "traicionando" a nuestros modelos familiares. Esta puede ser la causa de que evitemos el crecimiento profesional, un vínculo de pareja equilibrado y hasta que descuidemos nuestra salud. Estas conductas son algunos ejemplos que implican mantenernos leales a mamá y papá, aunque ello pueda perjudicarnos.

Aunque también es posible que intentemos rebelarnos contra las expectativas familiares de una manera infantil, sin premeditación. Nos extenderemos sobre ello más adelante en este capítulo. Mientras tanto, para ser más claros, digamos que hay dos maneras de seguir siendo leales a nuestros modelos familiares y obtener resultados limitados en nuestra vida adulta.

Lealtad familiar por medio de la imitación o repetición	Lealtad familiar por medio de actuar de manera rebelde y desafiante
Intentamos complacer y agradar a nuestros padres y modelos familiares a toda costa, aún cuando ello no esté en sintonía con lo que deseamos y necesitamos como personas. Entonces, repetimos e imitamos pautas de conducta, actitudes y valores de nuestros modelos familiares como niños obedientes, inclusive si ello puede generarnos dolor y malestar.	*En nuestra adultez tendemos a actuar exactamente al contrario de lo que hemos percibido en nuestros modelos familiares, sin que medie un proceso de reflexión maduro que permita decidir si es adecuado para nosotros. Nos comportamos de manera desafiante, rebelándonos contra reglas y estructuras que podrían ayudarnos a crecer y evolucionar.*

- **Reflexiona.** Con relación a tus modelos familiares, ¿te consideras una persona obediente que ha intentado complacerlos y ganar su aprobación aún en contra de tus propios deseos? ¿O has intentado rebelarte contra los mandatos y expectativas de ellos? ¿Cómo ha repercutido en tu vida personal y profesional? ¿Qué clase de resultados has logrado?

Test

El siguiente está diseñado para revisar que tipo de influencia ejercen tus modelos familiares en tu vida personal y profesional. Procura contestar en forma sincera y objetiva

1 = POCAS VECES   2 = ALGUNAS VECES   3 = MUCHAS VECES

Conductas y actitudes relacionadas con la influencia de los modelos familiares	1	2	3
1. Tengo recuerdos de situaciones dolorosas que he experimentado con mi familia que en algún aspecto siento que todavía afectan y limitan mi vida adulta.			
2. Sostengo una relación conflictiva o distante con alguno de mis padres, lo cual me genera sentimientos de dolor, malestar o rabia.			
3. Cuando alguno de mis padres o hermanos me reclaman, reprochan o demandan que haga algo que ellos esperan, me cuesta colocarles límites claros y firmes.			
4. Me es difícil experimentar un sentimiento de gratitud hacia mi padre y/o madre.			
5. Me cuesta mantener una relación equilibrada de respeto y afecto con mi madre y/o mi padre.			
6. Como líder puedo manifestar actitudes y conductas poco adecuadas que son similares a las que he percibido que alguno de mis padres sostenían en su vida.			
7. No me resulta fácil tener éxito en mi trabajo, tal como le sucedía a alguno de mis padres.			
8. Tiendo a hacer todo lo contrario a lo que mis padres consideraban que era correcto, lo cual me ha traído conflictos y problemas en mi vida personal y laboral.			
9. Me resulta un tanto difícil admirar y apreciar los logros obtenidos por mi padre y/o madre, tanto en su vida personal como profesional.			
Total de respuestas			

Puntajes

Si la mayoría de las respuestas es 1, estás manifestando autonomía y capacidad de decidir de forma adulta lo que deseas hacer en tu vida. A su vez, pareces sostener vínculos equilibrados con tus padres, lo que te coloca en una postura de madurez y fortaleza para liderar a otros. Felicitaciones. Al parecer puedes tomar con amor y gratitud lo que has recibido de tus padres y manifestarlo en tu vida profesional. Continúa por este camino de sabiduría y equilibrio.

Si la mayoría de las respuestas es 2, puedes estar expresando algunas dificultades para actuar y decidir de manera adulta y autónoma. Puede que por momentos sientas dolor y malestar porque no has elaborado de forma adecuada tu relación con tus padres, y eso puede restarte potencia para liderar equilibradamente. Continúa leyendo este capítulo con mucha atención.

Si la mayoría de las respuestas es 3, estás teniendo dificultades para experimentar una vida adulta y autónoma. Al parecer, te cuesta sostener un vínculo equilibrado con tus padres (o con uno de ellos), lo que te impide tener una postura adulta frente a ellos. Esto puede predisponerte a experimentar malestar, dolor y quitarte potencia para liderar. Comenzar a reconocerlo puede significar un gran paso para ti.

La lealtad familiar inconsciente puede llevarnos al fracaso profesional

Existe cierta lealtad familiar cuando nos comportamos como niños obedientes de nuestros padres aún cuando eso nos traiga resultados limitados en nuestro trabajo. O bien podemos intentar demostrarles a nuestros padres, estén vivos o no, que no nos importan sus expectativas, inclusive si en el fondo nos afectan demasiado. Para que comprendas mejor, el manejarte adecuadamente en relación con tus padres no se trata de una cuestión de capacidad ni de autosuficiencia. He conocido personas sumamente capaces e inteligentes, pero que al no reconocer y trabajar sus mandatos familiares terminaban atados a un estilo de vida que no les permitía manifestar sus potencialidades. Este era el caso de Marcela, una paciente que atendí hace muchos años, joven y atractiva, proveniente de una familia que siempre había tenido problemas financieros. Marcela tenía todo para triunfar en su profesión y carrera dentro de su empresa: era joven, bonita, inteligente y dueña de una personalidad carismática. Su problema se encontraba en otras áreas de su vida, ya que tendía a escoger parejas problemáticas que económicamente dependían de ella. Por alguna razón misteriosa, una mujer así parecía elegir a los hombres equivocados, con actitudes infantiles y a los que siempre les faltaba dinero. Al envolverse en esta clase de vínculos de pareja, su área profesional se veía afectada y comenzaban a surgir conflictos. Marcela había acudido a consultarme porque estaba inmersa en una crisis depresiva y sentía que, pese a sus esfuerzos por desarrollarse profesionalmente, su vida personal la anulaba y le impedía progresar. Y esto le pasaba cada vez que tenía una pareja con dificultades, algo que le venía ocurriendo desde hacía siete años. En nuestras primeras sesiones pude constatar que Marcela era una "buena niña de papá" ya que escogía hombres a imagen y semejanza de lo que había percibido de su padre, quien según su relato era una persona cariñosa, poco responsable y con continuos problemas para ganar dinero. Su lealtad paterna le impedía abrir sus ojos para elegir una pareja que estuviese "pareja" con ella, aún cuando había conocido hombres inteligentes, atractivos y responsables.

Es importante comprender que de alguna manera todos anhelamos el amor y aprobación de nuestros padres. Al provenir de un sistema familiar, cualesquiera sean sus características, sentimos la necesidad de pertenecer a él, ya que se trata de nuestro grupo de referencia. Por ello, y como buenos "hijos de papá y mamá", podemos hacer lo que fuese para sentirnos parte del sistema, aun cuando eso implique fracasar en nuestra área laboral o ser infelices. Claro que también podemos aprender a reconocer esos lazos invisibles de lealtad que pudimos haber tejido en relación con nuestros modelos familiares y reconocer sus efectos nocivos para desanudarlos y escoger lo que realmente necesitamos y queremos como adultos. En sí mismo, esto constituye el proceso de crecimiento y madurez que todos precisamos realizar en nuestra vida. De lo contrario, podemos tener éxito a nivel financiero y mismo así, fracasar en el logro de una vida abundante a nivel integral. Este parecía ser el caso de Javier, un empresario exitoso que atendí durante dos años en mi consultorio psicológico, cuyo problema era que si bien generaba muchísimo dinero con su empresa, vivía queriendo complacer a sus padres, quienes eran ambiciosos y exitistas. El problema de Javier era que si bien tenía éxito a nivel laboral, su vida personal estaba hecha un desastre: se sentía solo, desafortunado en el amor y con problemas para divertirse y disfrutar del dinero que poseía. En el fondo, Javier continuaba queriendo agradar a sus padres, quienes parecían valorar a una persona únicamente por su éxito económico. Javier se mantenía leal a ellos por haber conseguido el éxito profesional pero descuidaba su vida personal y su placer, y eso lo llevaba a enfermarse con frecuencia y a sentirse solo e insatisfecho. Durante nuestro trabajo psicoterapéutico lo invité a observar el endorfigrama e imaginar qué tipo de vivencias necesitaba para sentirse una persona exitosa tanto en lo comercial como a nivel personal. También le pregunté cómo creía que sus padres se sentirían si él dedicase más tiempo a cultivar otros intereses de su vida, trabajar menos.

Es muy importante ayudar a una persona a ser consciente de cuanta importancia asigna a la opinión ajena, sobre todo la de sus padres. Un adulto que realiza un adecuado trabajo personal con su inteligencia emocional, es alguien que se manifiesta capaz de reconocer las expectativas familiares, reflexionar acerca de ellas y decidir si estas se adecuan a lo que desea y siente en su vida actual. Pero muchos adultos que no han efectuado un trabajo psicoterapéutico pueden sentirse como niños queriendo complacer los deseos de sus padres o bien peleándose contra sus pretensiones. En el caso de Javier fue fundamental ayudarlo a que reconociera que todavía se sentía como una criatura ansiosa de agradar a sus padres y que ello lo estaba llevando a un fracaso existencial. Cuando pudo observarlo y procesarlo, estuvo en condiciones de decidir qué clase de vida deseaba llevar, más allá de la opinión de sus padres. Mantener una lealtad familiar limitante implica actuar bajo el influjo de dos maneras con las que intentamos adecuarnos a los deseos de nuestra familia: imitar la conducta de alguno de nuestros padres o bien actuar de forma desafiante como niños rebeldes y hacer exactamente lo contrario a lo que desean, pero sin mediar un proceso de reflexión adulta.

En los siguientes cuadros observaremos claramente estas dos maneras de ser leales a nuestra familia y cómo pueden manifestarse en diferentes áreas de nuestra vida, tales como la salud, el trabajo, la familia o la pareja. En este primer cuadro se muestra el hipotético ejemplo de Juan, una persona que es "leal" a ciertas pautas que observó en sus modelos familiares y las repite e imita en su vida adulta, aún cuando eso le ocasiona problemas y conflictos.

Modelo familiar predominante en cuatro áreas de la vida	Lealtad familiar de Juan expresada por imitación de su modelo familiar
Área laboral Los padres de Juan tenían dificultades para dialogar de manera adulta y respetuosa, por lo que tendían a discutir, gritar y pelearse fácilmente en presencia de Juan y de su hermano.	*Área laboral* Juan en su rol de líder manifiesta dificultades para generar una comunicación adulta y respetuosa con sus colaboradores. Cada vez que experimenta estrés, tiende a gritar y enojarse, tal como hacían sus padres cuando tenían conflictos. En los últimos seis meses han renunciado tres de sus empleados, quienes expresaban que no podían seguir trabajando con alguien tan agresivo.
Área de salud El padre de Juan no practicaba deportes y no se cuidaba en su alimentación. Juan acostumbraba a verlo preocupado, estresado y fumando. Hasta el día de hoy el padre de Juan parece sentirse orgulloso de ser un "hueso duro de roer" aún después de haber tenido un ataque cardíaco.	*Área de salud* Juan tiene 35 años y escasamente practica alguna actividad física. Suele alimentarse con "comida chatarra" y tiene sobrepeso. El año pasado su médico de confianza le dijo que si no se cuidaba adecuadamente podría padecer problemas de hipertensión y diabetes. Aunque Juan sabe que sería conveniente iniciar un plan de vida más saludable, aduce que no tiene tiempo para ocuparse de su salud ni para acudir a un gimnasio.

Modelo familiar predominante en cuatro áreas de la vida	Lealtad familiar de Juan expresada por imitación de su modelo familiar
Área de pareja Los padres de Juan siguen juntos después de 40 años de matrimonio, aunque siempre parecen estar tensos y listos para pelearse y discutir entre ellos.	**Área de pareja** Juan está casado desde hace 13 años con una mujer a la que ama. Sin embargo, discuten gran parte del tiempo. Ambos manifiestan una marcada dificultad para dialogar de forma adulta. Juan imita la comunicación de sus padres en cuanto a su vínculo actual de pareja. Curiosamente, escogió a una mujer con actitudes combativas similares a las de su madre.
Área de familia En general, los padres de Juan siempre han mostrado el afecto a sus hijos a través de preocuparse en exceso por ellos y sobreprotegerlos.	**Área de familia** Juan y su mujer tienen dos hijos, de 10 y 9 años, a los que sobreprotegen y no permiten que hagan actividades que ellos consideran riesgosas (educación física, artes marciales, fútbol, etc.). Resultado: sus hijos tienen sobrepeso, juegan con la Play Station muchas horas al día y comen grasa y azúcar en exceso.

Este es el caso hipotético de una persona adulta que se mantiene leal a una dinámica familiar. Juan se ha mantenido leal a las actitudes de sus modelos familiares, y eso le ha generado consecuencias limitativas y negativas en su vida personal y profesional. Claro que Juan no ha decidido conscientemente actuar igual a sus padres en determinados aspectos; de hecho, si le hubiesen preguntado si deseaba repetir lo que había vivido de niño y que le había generado tanto dolor hubiese dicho que haría las cosas de manera diferente. Aunque también en este hipotético caso, Juan también podría haber decidido cambiar su estilo de vida, comenzar a hacer actividad física y un tratamiento psicológico para tratar sus dificultades en su relación de pareja. Hasta podría haber acudido a un centro de capacitación para mejorar sus habilidades para liderar. Pero como ocurre en muchos casos, no lo hizo… ¿Te resulta familiar esta historia? ¿Conoces personas como Juan?

Lo importante a resaltar en este ejemplo es que, como Juan, todos podemos haber crecido en una familia con ciertos déficits de inteligencia emocional en algunas áreas, lo cual puede incidir en nuestro propio desarrollo emocional y llevarnos a repetir esas mismas pautas en nuestra adultez, aun cuando sepamos que eso nos trae consecuencias negativas. En realidad son muchas las personas que lideran con estilos inadecuados que les son perjudiciales, pero sin saberlo se mantienen leales a los modelos familiares y repiten actitudes similares. Para ser más claro, un líder que ejerce su cargo de manera autoritaria probablemente provenga de una familia en la que alguno de sus padres se comportaba de esa manera. Esta es la forma en que ese líder se mantiene leal a su modelo familiar, imitándolo. Al respecto, Bert Hellinger, creador de las *Constelaciones familiares*, un método terapéutico espiritual, explica que nos mantenemos leales a papá y mamá por amor. Como niños, amamos profundamente a nuestros padres, y nuestra manera infantil de demostrarlo es mantenernos leales a ellos, lo que como adultos puede llevarnos a sostener creencias y conductas limitantes que nos induzcan a fracasar en el amor, la salud y el trabajo. Esta es la razón por la que miles de líderes exitosos en sus empresas no consiguen mantener vínculos afectivos equilibrados con sus parejas y familiares, pues de alguna manera siguen siendo leales a sus modelos familiares. O bien pueden fracasar en su gestión laboral porque repiten actitudes y conductas poco adecuadas percibidas en su familia. Aunque, una vez más, es fundamental resaltar que nuestros éxitos y fracasos profesionales no son resultado de nuestros modelos familiares. Son de nuestra exclusiva responsabilidad. Como adultos, y sin excepción, poseemos la capacidad de concientizar los modelos y expectativas familiares para elegir de forma adulta lo que deseamos y nos conviene. No importa qué experiencias familiares te hayan tocado, si realmente estás dispuesto a revisarlas y procesarlas adecuadamente puedes lograr resultados muy positivos y transformadores en tu vida.

- **Reflexiona**. ¿Mantienes cierta lealtad limitante con respecto a tus modelos familiares? ¿En qué aspectos? ¿Cómo afecta a tu vida personal y profesional?

La lealtad familiar también implica rebelarnos como niños desafiantes

Vimos que la lealtad familiar puede consistir en imitar y repetir actitudes y conductas de nuestros modelos familiares, pero también existe otra manera de mantenernos fieles y leales a nuestros modelos familiares, y es a través de actuar de manera rebelde y desafiante, como lo haría un adolescente combativo y no un adulto.

La diferencia de actuar de manera rebelde entre un adulto y un adolescente o niño es que en el primer caso la persona decide rebelarse después de haber reflexionado y sopesado qué le conviene, y esa rebeldía puede ayudarlo a crecer y superarse. Entonces, los adultos podemos reflexionar sobre qué aspectos de nuestros modelos familiares nos son útiles y podemos aprovecharlos para crecer, así como distinguir los que nos limitan, y luego tomar la decisión que más nos convenga. Mientras que la rebeldía del adolescente o niño tiende a ser una actitud reactiva ante una persona que detenta la autoridad de una manera que no le gusta. Muchos adultos con problemas para adaptarse y funcionar según reglas y pautas necesarias de convivencia suelen manifestar esta actitud bajo la forma de "rebelde sin causa", lo que les provoca conflictos en sus relaciones de pareja y puestos de trabajo. Su lealtad familiar, aunque parezca paradójico, se manifiesta en lo que les ha desagradado y dolido de sus modelos familiares pero en vez de reconocerlo y trabajarlo de forma adulta, lo que hacen es rebelarse contra ello haciendo todo lo contrario. Esto significa que la persona adulta continúa actuando como un niño o adolescente que desafía a la autoridad de sus padres. Así, en vez de posicionarse como un adulto y revisar qué necesita y le conviene hacer para crecer en su vida, continúa comportándose como un "eterno rebelde sin causa", y termina perjudicándose.

Esto mismo podemos observarlo dentro de una empresa, cuando un líder se comporta de manera desafiante hacia la autoridad de sus jefes, reaccionando contra ellos cada vez que le fijan límites. O cuando suele discutir con ellos como si fuesen sus padres. Al respecto, en el siguiente cuadro podemos observar un hipotético ejemplo de Felipe, quien es "leal" y lo manifiesta al actuar de manera rebelde y desafiante contra sus modelos familiares.

Modelo familiar predominante en cuatro áreas de la vida	Lealtad familiar de la persona a través de rebeldía contra el modelo familiar
Área laboral Los padres de Felipe acostumbraban a exigirle demasiado a él y a sus dos hermanos, con la premisa de que "bueno es insuficiente, ya que hay que hacer las cosas perfectas".	**Área laboral** Felipe tiene en una empresa un equipo de cinco personas a su cargo. Su estilo de liderazgo suele ser de alguien muy complaciente y amigo de sus colaboradores, sin colocarles límites claros ni marcarles las tareas a cumplir. Felipe quiere hacer exactamente lo contrario de lo que ha vivido en su familia con tanta presión. El problema es que su equipo presenta falencias notorias que han llamado la atención de sus superiores.
Área salud Los padres de Felipe han sido muy estrictos con la alimentación sana y la actividad física. Durante muchos años han presionado para que él practicara deportes y fuera el "mejor".	**Área de salud** Felipe actualmente practica deporte pocas veces al mes. Tampoco se cuida con las comidas. Siempre se ha sentido muy exigido por sus padres y eso le ha molestado mucho. Como nunca los ha confrontado abiertamente, por temor a despertar más críticas de ellos, ha decidido que practicará deporte y comerá saludable cuando le dé la gana.
Área de pareja Los padres de Felipe son un matrimonio desde hace 30 años. Ambos son muy exigentes con sus hijos y se apoyan mutuamente en esa actitud.	**Área de pareja** Felipe suele tener salidas esporádicas con mujeres y sus relaciones nunca llegan a durar más de un mes, porque "no le gustan los compromisos". Cada vez que aparece una mujer que le gusta, al cabo de cierto tiempo la deja porque se "siente presionado".
Área de familia Los padres de Felipe continuamente le recuerdan lo importante que es formar una familia y tener hijos "para ser alguien que logró algo en la vida".	**Área de familia** Felipe no quiere estar en pareja ni formar una familia ya que no se siente preparado ni quiere que sus hijos vivan la presión que él ha vivido con sus padres. Su decisión parece ser más una reacción a la presión continua de sus padres que resultado de una reflexión adulta.

Felipe refleja el caso extremo de una persona que ha vivenciado una determinada dinámica familiar que le ha generado malestar, y luego, como respuesta reactiva y desafiante, se rebela contra sus padres haciendo exactamente lo contrario de lo que ellos esperan. En el fondo, su respuesta es más una reacción adolescente que una decisión adulta y reflexiva. Y este es el caso de miles de personas que experimentan una vida acotada porque todavía se están rebelando contra la autoridad de sus padres, vivos o no. Lo mismo puede decirse en el caso del liderazgo. Miles de líderes con dificultades para ejercer un liderazgo adecuado continúan peleándose contra los modelos familiares que han vivido. La cuestión es: ¿cómo salimos de este patrón de rebeldía tóxica? ¿Cómo dejamos de actuar como niños combativos para posicionarnos como adultos y elegir lo que nos conviene? Primero, dándonos cuenta de lo que sentimos con respecto a nuestros padres, los sentimientos que cobijamos hacia ellos y cómo nos posicionamos frente a ellos. ¿Seguimos temerosos de expresar lo que pensamos y sentimos? ¿Queremos complacerlos para tener su aprobación aun cuando en lo profundo eso no nos satisface? Ser leal al modelo familiar no es algo negativo que debamos eliminar. Solo se trata de volvernos personas más conscientes y observar qué efecto tienen las expectativas y deseos de nuestra familia. Siguiendo la línea hipotética del ejemplo, Felipe también podría haber decidido conversar con sus padres y expresarles su molestia ante tanta presión, en vez de seguir callado y sumiso. También Felipe podría reflexionar y ver que muchas de sus dificultades y conductas se deben a que en el fondo se siente enojado y molesto por las exigencias de sus padres. Podría darse un espacio de reflexión personal para averiguar qué realmente quiere, y pedir ayuda y apoyo profesional para estos nuevos cambios. También podría decidir formar una pareja y expresarse asertivamente en el caso que su pareja quisiera controlarlo. O bien, en su rol de líder, comprender que los límites son necesarios y que es posible generar una buena relación con sus empleados con pautas claras y límites firmes. De esta manera su accionar sería el de un adulto maduro y reflexivo que procesa lo que ha vivido en su familia y decide lo que le conviene, en vez de reaccionar infantilmente frente a ello.

- **Reflexiona.** ¿Sueles experimentar dificultades en alguna área de tu vida? ¿Te genera dolor y enojo alguna situación que has vivido en tu familia? ¿Tiendes a querer rebelarte de manera infantil frente a ello? ¿Qué consecuencias te trae en tu vida personal y profesional?

Las creencias limitantes en un líder

Siguiendo el orden de lo explicado antes, es en nuestra familia donde tenemos nuestra primera experiencia educativa de lo que es la inteligencia emocional, ya que aprendemos a comunicarnos, vincularnos y lidiar con la autoridad de nuestros padres. Según sea la dinámica familiar podemos incorporar ciertas creencias e ideas sobre cómo somos nosotros y cómo es el mundo. Una creencia es una idea que sostenemos de nosotros mismos y del mundo que nos rodea. Dichas creencias nos ayudan a funcionar en el mundo ya que nos proporcionan cierta estructura, claridad y ordenamiento. A veces sucede que podemos sostener creencias e ideas que nos ayudan a confiar en nosotros y lidiar eficazmente con los retos de la vida. Otras veces podemos tener creencias que en vez de ayudarnos a sentirnos mejor, nos restan vitalidad y confianza. Una creencia es una idea que solemos mantener ante determinadas situaciones que tienen impacto emocional. Por ende, podríamos dividir las creencias en dos categorías:

Creencia realista-potenciadora	Creencia limitante
Creencia o pensamiento que nos empodera y aporta fuerza para confiar en nosotros, avanzar y lograr lo que nos proponemos en la vida.	Creencia o pensamiento que nos resta fuerza y confianza para sentirnos merecedores de una buena vida personal y profesional.

Creencias realistas-potenciadoras

Son las creencias o pensamientos que tenemos acerca de nosotros mismos y de los demás, que nos ayudan a sentirnos fuertes, capacitados y merecedores de una buena vida. Cuando una persona tiene una autoestima saludable suele tener creencias realistas y potenciadoras, que lo ayudan a sentirse capaz de afrontar los retos en su vida, de vincularse de forma adulta con los demás y encarar su actividad profesional de manera equilibrada y eficaz. Cuando trabajamos como líderes, podemos aprender a pensar de manera realista y potenciadora ante determinadas situaciones. Un líder eficaz es el que sostiene creencias que lo empoderan y ayudan a sentirse capaz, fuerte y capaz. También ese líder sostiene creencias sobre los demás que lo ayudan a generar vínculos gratificantes y productivos. Algunos ejemplos de creencias realistas y potenciadoras, relacionadas con el rol de líder, son:

- ➢ "Me siento capaz de liderar"
- ➢ "Tengo recursos para liderar y lo que no sé puedo aprenderlo"
- ➢ "Tengo derecho a expresar lo que pienso aunque eso pueda molestar a algunos"
- ➢ "Si no sé qué hacer puedo pedir ayuda"
- ➢ "Puedo lidiar con las reacciones de las personas"

Estos son algunos ejemplos de creencias realistas-potenciadoras. Son las que nos ayudan a pensar y sentir de manera más realista, adulta y racional, generándonos sensaciones y emociones positivas y agradables que nos permiten actuar de manera más eficaz, adecuada y equilibrada. Podemos elegir la manera en la que nos hablamos y pensamos, repitiéndonos ciertas creencias que nos empoderen como personas y líderes.

En el siguiente cuadro, podemos apreciar la secuencia que nace desde una creencia potenciadora, sus efectos

emocionales, la conducta que produce y los resultados que
genera. Para ilustrarlo de manera sencilla, una creencia tiene
un impacto en las emociones, conductas y resultados que obtiene un líder en su organización, como muestra este gráfico.

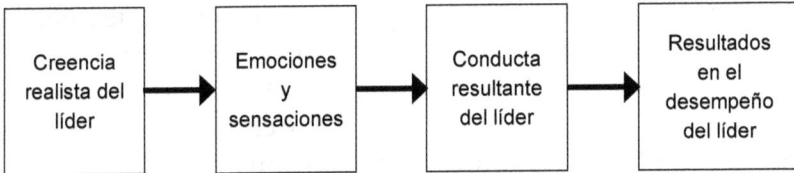

Creencia realista del líder	→	Emociones y sensaciones	→	Conducta resultante del líder	→	Resultados en el desempeño del líder

Veámoslo en el siguiente ejemplo de Mariela, una mujer que ocupa un cargo de liderazgo dentro de una empresa.

Creencia realista-potenciadora	Efectos en las emociones y sensaciones	Conducta resultante	Resultados en el trabajo
"Me siento capaz de liderar a este equipo". "Lo que no sepa, puedo aprenderlo o preguntarlo a otras personas".	Mariela siente confianza, tranquilidad, un poco de ansiedad y excitación. En cuanto a lo corporal, siente energía y ganas de comenzar a trabajar en su nuevo rol de líder.	Mariela comienza a trabajar con ganas y empuje. Cuando tiene dudas o surgen situaciones que no sabe bien cómo manejar, lo consulta con su jefe, quien la ayuda a mejorar en su rol de líder.	• Mariela genera una buena impresión en su equipo, que la percibe como una líder eficiente. • El jefe de Mariela observa que ella se compromete con su nuevo rol y eso le da confianza para apoyarla.
(Supongamos que Mariela acaba de ser ascendida como líder de un equipo de ocho personas. Es la primera vez que tendrá personas a su cargo en la empresa.) →	(Mariela siente esto al sostener esas dos creencias potenciadoras.) →	(Mariela actúa de esta manera ya que sostiene esas creencias realistas, que la hacen sentir emociones y sensaciones agradables.) →	• Mariela comienza un proceso de crecimiento profesional que la ayuda a escalar posiciones en la empresa. (Estos son los resultados generados por Mariela.)

Como puedes observar, todo nace con la creencia que sostenemos ante determinadas situaciones de nuestro trabajo. En este hipotético caso, Mariela elige sostener dos creencias realistas-potenciadoras que le generan emociones y sensaciones agradables, las cuales le permiten actuar de manera más confiada y segura de sí misma. Con ello consigue buenos resultados en su desempeño profesional dentro de su empresa. Cabe resaltar que una creencia potenciadora no es una creencia maniaca positiva al estilo "Soy el mejor... confío en que puedo hacer cualquier cosa... Soy una persona exitosa". Este tipo de creencias suelen ser afirmaciones poco realistas y exitistas que pueden llevarnos a "inflar" nuestro ego y luego frustrarnos por su falta de fundamento en la realidad. Para sostener una creencia potenciadora que impacte positivamente en nuestro estado emocional precisamos decirnos frases que sean realistas, simples y que contribuyan a hacernos sentir un poco más fuertes, seguros y tranquilos para llevar adelante nuestro rol de líderes.

- **Reflexiona**. ¿Cuáles son las creencias realistas potenciadoras que sostienes en tu trabajo para sentir confianza y seguridad en lo que haces? ¿Cuáles son las creencias potenciadoras que precisarías decirte a ti mismo para sentir más tranquilidad y seguridad en tu rol de líder?

Las creencias limitantes

Son aquellas creencias que tenemos acerca de nosotros mismos y de los demás que nos generan malestar, inseguridad y reducen nuestra confianza en nosotros mismos. Cuando una persona carece de una autoestima saludable suele sostener creencias limitantes que acotan su capacidad de experimentar una vida abundante y próspera. O bien puede tener cierto éxito en el trabajo pero en su vida personal mantiene vínculos tóxicos que le causan malestar, o viceversa. Existen múltiples creencias limitantes, tales como:

> ➤ "Por más que lo intento no puedo."
> ➤ "Todas las mujeres son iguales"; "Todos los hombres son iguales."
> ➤ "En esta empresa todos quieren aprovecharse de uno."
> ➤ "Si no muestro fuerza y autoridad me querrán perjudicarme."
> ➤ "No soy capaz de ser un buen líder."
> ➤ "Si actúo autoritariamente seré respetado por los demás."

Estos son algunos ejemplos de creencias limitantes que podemos sostener. Una creencia limitante es una idea que mantenemos y utilizamos como si fuese una premisa en nuestra vida y cuyo efecto emocional es negativo y nos impide desplegar nuestro potencial. Para que comprendas cómo es el proceso que tienen las creencias limitantes, observa el siguiente cuadro que muestra la secuencia de una creencia limitante, sus efectos en nuestras emociones/sensaciones, la conducta que genera y los resultados finales. Supongamos que tomamos a Juan, un supervisor de una pyme, como hipotético ejemplo.

Creencias limitantes	Efectos en las emociones y sensaciones	Conducta resultante	Resultados en el trabajo
"No me siento capaz de liderar un equipo de personas." (Esta creencia surge a partir de una hipotética situación en la que Juan es promovido a un rol de líder con cinco personas a su cargo.)	Juan siente ansiedad, pesadez, miedo y falta de motivación (estos son los efectos que siente en su cuerpo y las emociones al sostener la creencia limitante.)	Juan no quiere ir al trabajo, evita reunirse con su equipo y rehúye dar indicaciones claras a su equipo. (Juan cree que no es capaz, lo que le genera los efectos mencionados en la segunda columna.)	Las personas que forman parte del equipo de Juan comienzan a sentir la ausencia de liderazgo y hacen lo que quieren. El jefe observa que Juan no se compromete, por lo que contempla la posibilidad de reemplazarlo por otra persona más capacitada.

- **Reflexiona.** ¿Cuáles son las creencias limitantes que sostienes acerca de tu rol como líder? ¿Cuáles son los resultados que obtienes a partir de sostener dichas creencias?

Concientizar nuestras creencias limitantes es el primer paso para crecer

La mejor manera de detectar si tienes creencias limitantes en tu rol de líder es chequear las dificultades que tienes en determinados aspectos de tu trabajo. Por ejemplo, si te cuesta colocar límites a tus empleados puede que sostengas una creencia limitante en la que te digas que si expresas lo que piensas los demás pueden enojarse contigo. Quizás te cueste generar vínculos empáticos con los demás porque en el fondo crees que pueden aprovecharse de ti. Estas son meras suposiciones. No se trata de adivinar sino de revisar las situaciones que nos resultan difíciles en el trabajo y reflexionar sobre cuáles son las creencias limitantes que estamos sosteniendo, el impacto emocional que ellas nos generan y cómo actuamos en consecuencia. Si te detienes a reflexionar sobre cuáles son las creencias limitantes, puedes comenzar a confrontarlas de forma adulta; es decir, cuestionarlas para reducir su efecto emocional negativo. Por ejemplo, supongamos que tu creencia limitante es "No me siento capaz de liderar", lo cual te genera ansiedad y falta de confianza que te lleva a actuar con poca firmeza y seguridad en tu rol de liderazgo. Puedes comenzar a cuestionar esta creencia, preguntándote o afirmando:

➤ ¿Quién dice que no soy capaz?
➤ ¿De quién he aprendido o internalizado que no puedo?
➤ ¿Cuáles son mis recursos para liderar?
➤ ¿A quién puedo pedir ayuda y consejos para liderar mejor?
➤ Puedo llevar adelante mi trabajo y también equivocarme, ya que así aprendo.

➤ Dispongo de recursos para liderar, y lo que me falta puedo aprenderlo.

➤ Puedo aprender y mejorar mi liderazgo.

- **Reflexiona**. ¿Cuáles son las situaciones en tu trabajo en las que experimentas dificultades? ¿Cuáles son las creencias limitantes que tienes en relación con esa situación laboral? ¿Qué impacto generan en tu liderazgo? ¿Cómo confrontarías de forma adulta esas creencias limitantes para experimentar mayor confianza y seguridad en tu persona?

- **En resumen**. Una creencia es una idea que tenemos de nosotros mismos y de los demás. Una creencia puede potenciarnos como líderes o bien puede restarnos confianza y seguridad. Depende de nosotros y de cómo elegimos hablarnos a nosotros mismos. Procura tratarte a ti mismo de manera adulta y amable, tal como te gustaría que otra persona te trate. Eso es asumir un liderazgo sabio y potenciador en relación con tu persona.

Cómo reconciliarnos con nuestros modelos familiares

A modo de cierre de este capítulo resulta muy interesante traer el aporte de Bert Hellinger, creador de las *Constelaciones familiares*, una filosofía de vida plasmada en un modo de visualizar las dinámicas familiares de las que procedemos. Existe abundante bibliografía acerca de las constelaciones familiares y no es la intención de explicarlas aquí, sino traer algunos conceptos que pueden ayudarnos a reconciliarnos con nuestros padres y, por ende, volvernos personas más equilibradas con la capacidad de crecer a nivel profesional. Bert Hellinger explica que cuando agradecemos a nuestros padres por habernos dado la vida sin ninguna clase de reproche hacia ellos, podemos tomar su fuerza vital y avanzar hacia lo que queremos en nuestra vida. Muchas personas son conscientes de esto, pero albergan rencor, dolor y cierta queja hacia sus padres, lo cual las mantiene en una postura de niños en vez de adultos. Para que alguien pueda asumir su rol de líder y ejercerlo con potencia y equilibrio precisa reconocer que está vivo gracias a sus padres, volverse hacia ellos, efectuar una reverencia con humildad y decirles:

Gracias papá... Gracias mamá... Agradezco la vida que me han dado y los honro, construyéndome una buena vida... Aquello que no me han dado, ahora que soy adulto puedo buscármelo solo...

Bert Hellinger explica que nuestros padres nos han hecho el regalo más valioso e importante que podamos jamás tener, que es la vida. Tan solo ese regalo es impagable y jamás podremos devolvérselos aun cuando les obsequiemos todo el oro del mundo. Por lo tanto, la única manera de devolver y compensar ese desequilibrio que tenemos con ellos es darnos vuelta y contemplar la vida que tenemos delante nuestro e ir hacia ella a fin de tomar lo que queremos y necesitamos para sentirnos felices, plenos y abundantes. Y para lograrlo con confianza y equilibrio, es imprescindible hacerlo siendo conscientes de la gratitud hacia ellos. Por eso, el mejor regalo que podemos hacer a nuestros padres es construirnos una buena vida, lo que nos da placer, pasión, alegría, amor, dinero y profundidad. Esta es la manera de honrar el regalo invaluable que nos han hecho, que es nuestra propia vida. Para expresarlo en términos claros y sencillos: la mejor manera de agradecer a nuestros padres por habernos dado la vida es honrar su obsequio, construyéndonos una existencia plena, feliz y abundante en las diversas áreas de nuestra vida. Como líder, es fundamental que agradezcas a tus padres (estén vivos o no) por estar vivo, más allá de las discusiones y peleas que hayas podido tener con ellos. Aun cuando no hayan actuado como querías, aun cuando no los hayas conocido porque alguno murió cuando eras pequeño o incluso si tienes una relación conflictiva con ellos. Agradecer en silencio, internamente, dentro de ti, que estás vivo y reconocer ese hermoso regalo que te han hecho tus padres te permite reconciliarte con ellos, con tu existencia y encarar tu vida para vivirla plenamente. De hecho, aquellos líderes que honran a sus padres y sus abuelos, reconociendo sus orígenes, pueden tomar la fuerza vital para encaminarse hacia donde desean con enorme vigor y confianza.

Al respecto, resulta sumamente interesante el trabajo que ha efectuado Bert Hellinger con algunos CEOs y líderes de empresa a través de las constelaciones familiares, en donde ha demostrado de manera vivencial la importancia que tiene que un líder sostenga una actitud de gratitud hacia sus padres. Según aclara en una entrevista que le realizaron, el éxito de un líder se puede dar bajo ciertas condiciones.

> (...) El cambio se da a través del crecimiento interior, es decir, al despedirse de los sueños y reconocer exactamente lo que es. La verdad no es otra cosa que hechos, la verdad más grande son hechos y la verdad más grande y la más importante de todas es de la que todo depende: que tenemos un padre y una madre, esa es la verdad. Sin ese padre y sin esa madre nosotros no estaríamos vivos, solo vivimos porque los tenemos a ellos. Todo lo decisivo proviene de ellos, solamente de ellos. Solamente necesito reconocer eso y entonces me vuelvo humilde y ocupo mi lugar adecuado, que es por debajo de todo. En ese instante, a mis padres les puedo decir: "¡Gracias, gracias por todo!" y hacer algo bueno con aquello que me dieron. De repente, la persona tiene fuerza y los padres están detrás de él, entonces tiene éxito. El que se anda quejando es siempre pequeño y débil, como el que hace reproches, que dice que la culpa es de los otros y que espera algo que nunca llega... pero a los padres los tiene siempre.[21]

Si estás experimentando problemas para crecer en tu gestión profesional, podría ser un ejercicio reflexivo interesante el preguntarte qué sentimientos abrigas hacia tus padres. Y puedes tomarte un espacio a solas, cerrar tus ojos y agradecer en silencio a tus padres por haberte dado la vida. Y si quieres incluir a tus abuelos, mejor. Esta acción implica

---

21 *Ibidem.*

tomar la fuerza de nuestros padres y ancestros para enraizarnos en la vida misma. Durante este ritual es fundamental que dejes de lado reproches, recriminaciones o deseos acerca de lo que te hubiera gustado recibir de ellos. Lo que ha sido ya fue. Estás vivo y eso es lo importante. Lo que te ha faltado de ellos, ahora que eres un adulto, puedes buscártelo por ti mismo. Esta es la manera en la que trabaja la filosofía de las constelaciones familiares de Bert Hellinger, permitiendo que la persona reconozca, agradezca y se reconcilie con su sistema familiar y sus ancestros. Esta es la manera de convertirte en un líder sabio, potente, vital, amable y humilde. Y este es el camino de un líder equilibrado en el amplio sentido de la expresión. En mi propia experiencia personal, puedo contarte que me he formado en constelaciones familiares y organizacionales, lo cual me habilita a trabajar con este enfoque con familias y organizaciones. Y uno de los aportes que más me han conmovido y con el que trabajo en mí cada día es el agradecimiento hacia mis padres. Cada mañana, al levantarme de la cama, cierro mis ojos y visualizo a mis padres tomados de la mano, y a sus padres y abuelos detrás, y hago una leve reverencia y les agradezco con amor por haberme dado la vida, sin la cual no estaría presente. También les digo que honro su regalo trabajando para crearme una vida hermosa y abundante, cosa que procuro hacer. Es un ritual matutino que me conmueve y me conecta con la vida. Y me posiciona en una situación de gratitud, equilibrio y fortaleza que me permite avanzar y crecer como profesional.

Para más información sobre esta temática apasionante, lee los libros de Bert Hellinger y otros que detallo en la bibliografía. A su vez, te invito a participar de los talleres sobre constelaciones familiares y organizacionales que estaré organizando y que son adecuados para traer mayor conciencia y claridad ante aquellas dificultades que experimentes tanto en tu vida personal como profesional. Para ello puedes ingresar a mi web: www.pablonachtigall.com

- **En resumen.** Una persona se vuelve un líder sabio y equilibrado cuando agradece por estar viva a sus padres y ancestros, sin ningún tipo de reproche. Cuando agradecemos a nuestros modelos familiares por estar vivos asumimos el liderazgo de nuestra propia vida, lo cual nos habilita para liderar a otros desde una actitud adulta, consciente y equilibrada.

- **Reflexiona.** ¿Experimentas el agradecimiento desde tu corazón hacia tus padres y abuelos por haberte dado la vida? ¿Abrigas algún sentimiento de reproche, queja, enojo o dolor hacia ellos? ¿Cómo crees que eso afecta a tu vida personal y profesional?

Sugerencias para reconciliarte con tus modelos familiares

➢ **Descubre a quién eres leal.** Completa el siguiente cuadro para saber si eres leal por imitación de tus modelos familiares o rebeldía contra ellos. Guíate por el siguiente ejemplo con dos áreas del endorfigrama como referencia.

¿Cuáles son tus dificultades en alguna de las cuatro áreas principales?	¿Repites o imitas esta dificultad de alguno de tus referentes familiares?	¿Manifiestas esta dificultad como una manera de rebelarte contra tus referentes familiares?	¿Qué clase de actitud adulta adoptarías para tratar esta dificultad?
Área salud No cuido mi salud ni realizo actividad física.	*Mi padre no solía cuidar de su salud, no realizaba actividad física y hacía poco caso a su médico. Creo que lo estoy imitando.*		*Como adulto puedo pedir cita con un doctor para chequear mi salud y comenzar a cuidarme.*
Área trabajo Me cuesta generar un vínculo cercano emocionalmente con mis empleados.		*Mi padre era demasiado "cercano" a sus empleados y eso le traía malestar, preocupaciones y le hacía perder dinero en su empresa familiar. Creo que me rebelo manteniéndome distante de mis empleados.*	Estoy dispuesto a generar una relación más agradable y con límites con mis empleados

A continuación completa las dos últimas columnas del siguiente cuadro.

Dificultades en alguna de las cuatro áreas principales	¿Repites o imitas esta dificultad de alguno de tus referentes familiares?	¿Manifiestas esta dificultad como una manera de rebelarte contra tus referentes familiares?
Área salud		
Área pareja		
Área trabajo		
Área familia		

> **Practica el agradecimiento hacia tus padres**. Para este ejercicio tan solo procura un espacio en el que estés a solas y tranquilo. Cierra tus ojos y visualiza frente a ti a tu padre a tu izquierda y a tu madre a tu derecha. Haz una leve reverencia con tu cabeza y diles ...

> *"Papá y mamá, gracias por darme la vida. La tomo y la honro... les prometo hacer algo bueno con ella... y aquello que no me han dado, como adulto puedo buscármelo por mí mismo."*

Epílogo

Liderazgo y aprendizaje son indispensables el uno para el otro.

John F. Kennedy

Los líderes sobresalientes salen de su camino para potenciar la autoestima de su personal.
Si las personas creen en sí mismas, es increíble lo que pueden lograr.

Sam Walton, fundador de Walmart y Sam's Club

Hemos llegado al final de este recorrido para autoconocernos y potenciarnos como personas y líderes dentro y fuera de nuestra empresa o trabajo. El significado de la palabra líder es mucho más profundo que el que habitualmente se retrata en los libros. Un líder no es meramente quien detenta un cargo, sino aquella persona que se compromete en un proceso de reflexión, autocrítica y acción a fin de mejorar su calidad de vida, tanto en su esfera personal como en la profesional. Y este proceso no es unipersonal, sino más bien una co-construcción que realiza junto a otras personas, ayudándolas a crecer y a mejorar su calidad de vida. A su vez, realiza esta reflexión personal en contacto con los demás, mostrándose receptivo y permeable al intercambio para escuchar, dialogar y enriquecerse con el aporte de quienes trabajan con él. Por lo tanto, el concepto de liderazgo que hemos abordado involucra un sentido que trasciende el simple hecho de lograr resultados financieros positivos. Desde esta perspectiva integral, un líder es aquella persona que se compromete en su desarrollo y crecimiento personal y en el de quienes lo rodean.

Ejercer el rol de líder conlleva el desafío de un camino continuo de superación personal, profesional y espiritual que todos podemos emprender con la finalidad de lograr una muy buena calidad de vida. Acorde con mi experiencia personal, cuando alguien se compromete a cultivar y equilibrar las diversas áreas de su vida (con ayuda del endorfigrama) se vuelve un líder más vibrante, interesante y abundante. Y sobre todo, cuando esa misma persona inicia un proceso de autoconocimiento, en el que explora sus emociones amigablemente, queriendo conocerse y tratarse mejor, invariablemente se volverá un líder con una enorme capacidad de comprender, gestionar y manejar las emociones de otras personas. En la práctica significa que estará en mejores condiciones de generar vínculos de equipo que sean sólidos, productivos y cooperativos, así como gestionar un clima emocional de trabajo agradable para sus empleados.

Es real que muchos casos de ausentismo, trastornos psicosomáticos causados por el estrés laboral, sin olvidar la infinidad de juicios laborales que conllevan gastos millonarios para las empresas, podrían evitarse si sus líderes asumiesen el compromiso de desarrollar su inteligencia emocional aplicada al liderazgo. Aunque resulta injusto cargar las tintas solo en los líderes, ya que estos se encuentran dentro de un sistema, su empresa, institución o grupo. Por ello es necesario revisar continuamente la cultura organizacional de la empresa, a fin de asegurarnos que apoye y aliente el cuidado y buen trato entre sus empleados, ya que ello constituye una de las condiciones fundamentales para crecer y trabajar de forma equilibrada. Desde esta visión sistémica, la cultura organizacional de una empresa, a través de la conducta de sus principales líderes, asegura y promueve un clima de trabajo en donde las personas puedan sentirse a gusto, trabajar y vincularse de manera eficaz. Si los líderes de una empresa manifiestan un adecuado nivel de inteligencia emocional, con certeza que el clima de trabajo será mucho más equilibrado, ameno y productivo. Difícilmente habrá lugar para actitudes de maltrato, abuso y autoritarismo. Una empresa así, se vuelve un lugar en donde las personas disfrutan de su labor y de su sentido de pertenencia. Desde esta óptica, invertir en la inteligencia emocional en los diversos niveles de liderazgo de una organización constituye un excelente negocio para todos. Muchas veces, las empresas costean cursos y capacitaciones para sus líderes, pero la cultura organizacional real permite conductas y tratos contrarios a lo que predican o dicen querer implantar. De hecho, se trae al consultor quien dicta una capacitación de alto impacto motivacional que al cabo de unos pocos meses queda en la nada. Por eso, déjame insistir en que todo se trata de procesos a construir y desarrollar de manera gradual entre todos los que trabajan en la organización. Ninguna consultoría ni capacitación puede brindar a una empresa lo que sus propios líderes no están dispuestos a escuchar y practicar en el ejercicio diario de su trabajo. Los cambios positivos pueden plasmarse en una organización cuando sus líderes están dispuestos a revisar sus actitudes y conductas, así como a desarrollar sus habilidades emocionales necesarias para mejorar el trato y liderazgo.

Tanto para los profesionales consultores como para los líderes de la empresa (gerentes, CEOs, mandos medios, etc.) resulta importantísimo tener en cuenta que frente a la posibilidad de nuevos cambios, cada empresa e institución constituye un mundo único y diferente con su propio contexto socioeconómico. Por lo tanto, no se trata de cambiar la mentalidad de un líder en particular, sino de revisar la cultura formal e informal de la empresa para estar seguros de que el desarrollo de la inteligencia emocional sea bienvenido en ese espacio de trabajo. Aunque suene paradójico, muchas empresas invierten mucho dinero y esfuerzo en capacitar a su personal en inteligencia emocional pero al mismo tiempo sus máximos líderes mantienen estilos de liderazgo inadecuados. Así, su conducta real opera como un efecto cascada, ya que es imitada por los demás empleados. Si como CEO o gerente sostienes conductas de escasa inteligencia emocional, ¿qué conductas y actitudes puedes esperar de tus propios empleados? Precisamos actuar de manera coherente y congruente para emitir un mensaje sólido que genere confianza en los demás.

El cambio comienza por casa. Como líder puedes hacer una enorme diferencia en tu empresa si asumes un liderazgo personal que signifique comprometerte con tu vida dentro y fuera del trabajo. El líder al cual nos referimos engloba a una persona que procura cultivar un estado de prosperidad integral en las diversas áreas de su vida. Si cuidas tu salud, tus vínculos familiares, el amor de pareja (o una relación respetuosa con tu ex) y los espacios recreativos, estarás en óptimas condiciones para liderar en tu empresa con un estado de equilibrio y madurez. También inspirarás a otros a replicarlo en sus vidas. Desde esta perspectiva y según mi experiencia profesional, que me ha contactado con cientos de CEOs y gerentes de empresas en Argentina, he comprobado que cuando un líder cuida su equilibrio personal y profesional, así como el desarrollo de su inteligencia emocional, se vuelve una persona más atractiva, sabia y armónica, tanto dentro de su empresa como fuera de ella. Y eso tiene un impacto positivo en sus resultados financieros, y traerá bienestar, claridad y productividad a su vida y a la de sus empleados.

Tal como explica Jeff Bezos en una de las tantas entrevistas que le han realizado acerca del *work life balance*[22], si nos sentimos felices en casa, ello nos volverá mejores jefes y empleados, de la misma manera que repercutirá en nuestra vida

---

22 https://www.youtube.com/watch?v=xfGbyW6fs5w

personal si experimentamos energía en el trabajo y sentimos que estamos agregando valor a nuestra empresa. De ahí que equilibrar nuestra vida constituya un arte esencial para experimentar plenitud, placer y pasión en nuestra manera de vivir, trabajar y liderar.

Una última reflexión simple y obvia: no existen personas inteligentes y otras "aplazadas" a nivel emocional; todos, cualquiera sea nuestra procedencia y experiencias familiares, podemos crecer y transformarnos en líderes con un adecuado nivel de inteligencia emocional. Esto no se logra de la noche a la mañana, sino a través de experiencias diarias y el aprendizaje que decidamos efectuar con nosotros mismos. Sin esta determinación es bastante difícil crecer. En mi propia vida procuro cuidar las ocho áreas del endorfigrama porque sé que constituye la base para una vida feliz, plena y próspera. Con esa finalidad, me capacito, pido ayuda y me abro al intercambio. Si creyese que ya lo sé todo y no preciso aprender ni escuchar aportes de los demás, con seguridad que tendría una vida bastante pobre y solitaria. Desarrollar tu inteligencia emocional es una decisión que implica un compromiso de tu parte que te permitirá ser un líder tanto en tu vida personal como en la profesional.

De corazón deseo que la lectura de este libro te ayude a impulsar tu compromiso para seguir desarrollándote como un líder más humano, dentro y fuera de tu trabajo. En verdad, las organizaciones necesitan líderes con más conciencia e inteligencia emocional que promuevan mayor crecimiento y bienestar a sus empleados y empresas. Espero que podamos conocernos y trabajar juntos en un futuro cercano para que tanto tu liderazgo, equipo, organización y yo, como profesional, podamos crecer juntos, co-creando un proceso de intercambio y aprendizaje mutuo. Te deseo la mayor de las bendiciones y todo el apoyo que precises para emprender esos cambios.

Pablo Nachtigall

Bibliografía sugerida

Garriga, J.: *El buen amor en la pareja*. Ediciones Destino, Barcelona, 2013.

Goleman, D.: *La inteligencia emocional*. Javier Vergara Editor, Buenos Aires, 1995.

_____ : *Liderazgo*. Ediciones B, Barcelona, 2013.

_____ ; Cherniss, C.: *Inteligencia emocional en el trabajo*. Editorial Kairós, Barcelona, 2005.

Hellinger, B.: *Órdenes del amor*. Herder Editorial S.L., Barcelona, 2001.

Kertész, R.: *Análisis transaccional integrado*. Editorial Ippem, Buenos Aires, 1997.

_____ : *Liderazgo transaccional*. Editorial Ippem, Buenos Aires, 1992.

_____ y Kerman, B.: *El manejo del estrés*. Editorial Ippem, Buenos Aires, 1985.

_____ ; Atalaya, C. I. y Kertész, V.: *Liderazgo transaccional. Cómo hacer que la gente haga*. Editorial de la Universidad de Flores, Buenos Aires, 2012.

Kofman, F.: *La empresa consciente*. Aguilar, Buenos Aires, 2014.

Nachtigall, P.: *Descubriendo el secreto. Transforma tus sueños en realidad*. Editorial Tips, Buenos Aires, 2009.

_____ : *Vampiros energéticos. Cómo aprovechar los vínculos tóxicos para transformar nuestra vida*. Ediciones Lea, Buenos Aires, 2010.

_____ : *Bendito dinero. Cómo generar prosperidad material y espiritual en nuestra vida*. Ediciones Urano, Buenos Aires, 2013.

_____ : *El equilibrio perfecto entre tu vida personal y profesional*. Ediciones Urano, Buenos Aires, 2015.

_____ : *Inteligencia emocional financiera*. Editorial Planeta, Colombia, 2016.

Osho: *Vida amor y risa*. Editorial Mutar, Buenos Aires, 1993.

Príncipe Portocarrero, J.: *Constelaciones organizacionales*. Ediciones Urano, Buenos Aires, 2016.

Material sugerido para complementar la lectura de este libro

Las leyes del éxito y la felicidad, Bert Hellinger, 2014. Ingresar a: https://
   www.youtube.com/watch?v=JWk5O9Nq-o8
Curso en línea *Inteligencia emocional con tu dinero,* Pablo Nachtigall, 2014.
   Ingresar a: www.pablonachtigall.com/productos/
Curso en línea *Inteligencia emocional en el amor,* Pablo Nachtigall, 2015.
   Ingresar a: www.pablonachtigall.com/productos/

www.ingramcontent.com/pod-product-compliance
Lightning Source LLC
Chambersburg PA
CBHW070925210326
41520CB00021B/6807